KB119709

인 생
독 해

인생
독해

나 의 언 어 로 세 상 을 읽 다

유수연 지음

위즈덤하우스

프롤로그

언제부터인가 나에게는 자기계발서 작가 혹은 강사라는 말이 붙어 다니기 시작했다. 그러나 아주 솔직하게 말해서 날이 갈수록 나는 지금 한국 사회에서 자기계발을 한다고 성공할 수 있는가에 대해 회의가 든다. 물론 성공 가능성이 없는 것은 아니지만, 아무도 방향을 제시하지 못하는 현실에서 그저 개인에게만 모든 판단과 노력을 떠넘기고 있기 때문이다. 혼돈의 사회에서 홀로 중심을 잡아야 하는 개인들에게 더 이상 무엇을 요구할 수 있을까. 특히 맨땅에 헤딩하기 식의 성공에 대한 환상과 그 희망고문의 잔인함을 누구보다도 내가 온몸으로 겪어왔기에 더욱 내 입을 막는 것이기도 하다.

나에게 글쓰기란 매일 똑같은 강의에 소모되어버리는 나에게 숨을 쉬게 해주는 유일한 작업이다. 그러나 언제부터인가 나의 책이 사람들에게 자기계발과 성공을 강요하는 도구가 되어버렸다는 생각이 커졌다. 나의 글과 그 안에 담긴 독설은 내가 나 스스로에게 초라한 과거에서 벗어나 더 나은 미래로 전진하라는 채찍질이었다. 그런데 그 독설이 나를 넘어 다수를 향하게 된 것이다. 나는 어느새 왜 그러한 독설의 언어로 살아왔는가에 대한 설명 없이 그저 이 시대의 성공 원리만을 설파하는 상징이 된 것 같다.

나는 항상 전쟁터에서 살아왔다. 나 자신과의 전쟁과 학생들의 취업 전쟁 속에서 15년을 버텼다. 강의실에서 매일 마주하는 친구들을 보면 그들이 외로워하고 무서워한다는 것을 알 수 있다. 너무나 강한 부모 세대에게 눌리고, 사회 혼란과 개인의 불확실한 미래에 눌리면서 자꾸만 작아지고 있다. 그들에게 함부로 희망을 말할 수 없는 나도 같이 작아지고 있었다.

나도 다시 태어나 지금의 오늘을 살아가야 한다면 자신이 없다. 그런데 누구에게 열심히 노력만 하면 성공할 수 있다는 말을 함부로 할 수 있겠는가. 어떻게 학생들에게 너의 노력 끝에는 반드시 달콤한 열매가 열릴 것이라고 말하겠는가.

그러던 중 드라마 〈미생〉의 대사가 다시 나를 움직이게 했다.

"그 대책 없는 희망, 무책임한 위로 한마디 못 건네는 세상이란

게 더 무섭네요. 대책 없는 그 말 한마디라도 절실한 사람들이 많으니까요."

그렇다, 그 한마디가 절실했던 사람들에게 나는 언젠가부터 비겁하게도 침묵했다. 강의실의 저 많은 학생들 중에 과연 몇 명이나 이 사회의 수면 위로 얼굴을 내밀 수 있을까. 그들의 험난한 여정을 지켜보는 것이 절망스러워 때때로 나는 차마 그 결말을 지켜보지 못하겠기에 눈을 돌리고 말았다.

여전히 나는 "노력하라"라는 말은 할 수 있지만, "희망을 가지라"라는 말은 할 수 없다. 그렇다면 도대체 희망이 없다는 너는 왜 그렇게 독하게 살아남았는가의 질문이 남는다.

나는 초라한 내가 몸서리치게 싫었다. 그저 내일은 오늘의 나보다 조금 더 나은 나로 살고 싶었고, 오늘보다 나아진 내가 만나는 내일은 좀 더 행복할 수 있을 것 같았다. 어차피 나에게 인생이란 처음부터 내가 선택하지 않은 삶이고 단지 스스로 끝내지 못하는 것뿐이지만, 살아 있는 동안만은 나 자신에게 만족하고 싶다. 그것이 나의 희망이었다. 나의 희망은 바깥세상에 있는 것이 아니라 매일을 마주 보는 나 자신의 거울 안에 있었다.

내가 사람들에게 희망을 가지라고 말하지 않는 이유는 간단하다. 그들의 희망이 너무 허황돼 보이기 때문이다. 열에 아홉은 지금의 자신과는 너무나 먼 희망을 말한다. 물질적인 욕망, 소위 성공이라는 뜬구름 잡는 식의 희망을 말하며 외부적인 것에 집착하는 그들의 희망은 차라리 '욕심'이라는 단어가 더 어울릴 것이다.

요즘은 누구나 노력해야 하는 것을 안다. 방법도 넘쳐난다.
그러나 정작 필요한 것은 노력을 지속하며 자신의 삶에 집중할수 있는 '의지'이다. 그리고 의지는, 스스로 정의 내리는 자신의 삶이 명확할 때 생겨나는 것이며, 자신의 삶에 대한 명확한 정의는 인생에 대한 모든 태도를 결정하게 한다.
나는 인문학의 거창함을 말하고 싶지는 않다. 그러나 아무도 답해주지 못하는 질문들의 답이 책에 있는 것만은 확실하다. 나 역시 책을 읽으면서 수많은 고민의 답을 찾았고, 내 삶의 정의들을 세웠다. 그 과정은 외롭지만 확실히 나를 단단하게 만들어주었다. 아무것도 믿을 수 없는 세상이다. 너무나 많은 사건 사고들과 저마다의 옳다는 목소리에 혼돈스러울수록, 자신의 내면에서 중심을 잡아야만 흔들리지 않고 멀리 갈 수 있다.

흔히 책을 많이 읽으면 통찰력이 생긴다고 한다. 그러나 나는 그 말조차 이해가 되지 않았다. 도대체 어떻게 읽으면 통찰력이라는 것이 생긴다는 말인가. 물론 그 과정에 정답이란 없겠지만 누군가는 구체적으로 말해주어야 하지 않을까. 다른 사람들은 책을 읽으면서 무엇을 생각하는지, 어떻게 현실에 접목하는지 말이다.

내가 생각하는 통찰력이란 나를 둘러싼 세상을 이해하고, 스스로 나의 주변을 재배열하는 힘이라고 생각한다. 그것은 당연히 물리적인 힘이 아니다. 외부 상황을 정확히 읽어내고, 적시적소에 자신의 의도를 풀어냄으로써 전체 흐름을 타는, 혹은 이끌어가는 능력. 이것이 바로 이 책에서 내가 말하고자 하는 통찰의 힘이다.

사람들은 흔히 이기는 방법, 성공하는 방법, 공부 잘하는 방법을 말한다. 내가 말할 수 있는 것은 아마도 '독종이 되는 방법'쯤이 될 것이다. 평범한 한 개인이 어떠한 고민들을 거쳐서 이 세상에서 질기게 살아남았는가. 어떤 가치관을 가지고 독하게 자신의 삶에 집중할 수 있었는가 정도이다. 그리고 독하게 삶을 이끌어가는 그 이면에는 나의 가치관과 성향을 만들어낸 책들이 있다.

나의 책읽기는 주입식 독서법이 아니다. 주인공보다는 현실의 모습에 가까운 주변인들의 삶과 태도에 더 집중하는 실전형 독서

이며 책의 내용보다는 실제 현실에 어떻게 접목하고 응용할 것인
지에 대한 고민이 더욱 많은 부분을 차지한다.

모든 개인은 작은 우주이고 하나의 세계라고 생각한다.

나의 작은 세계를 만든 책들과 책을 통해 바라본 현실의 이해가
또 다른 누군가에게도 작은 세상의 시작점과 만나게 될 것이라는
생각을 해본다.

There is nothing noble in being superior to your fellow man;
true nobility is being superior to your former self.

타인보다 우수하다고 해서 고귀한 것이 아니다.
진정한 고귀함은 과거의 자신보다 우수해지는 것이다.

- 어니스트 헤밍웨이 Ernest Hemingway

PART 02

독해, 나만의 언어로 읽기

Life isn't about finding yourself.
Life is about creating yourself.

인생이란 자신을 찾아가는 것이 아니라
스스로를 만들어가는 것이다.

– 조지 버나드 쇼George Bernard Shaw

거북이는 속살이 여리고 겁이 많아서
자신을 보호해줄 등껍질을 이고 살아간다.

조그만 자신의 몇 배 무게에 달하는 짐을 이고
세상에 나서야 할 정도로 소심한 것이다.

남들은 그 단단한 등껍질을 손가락질할지 몰라도
그에게는 이 험한 세상에
자신의 등껍질보다 믿을 만한 것이 없다.
형벌과도 같은 자신의 등껍질에 눌려서도,

바다로 한 걸음씩 느리게 나아가는 저 진지함이
나의 유난스러운 삶의 엄살들을 침묵하게 한다.

나의 등에도 껍질이 쌓여간다.
겹겹이 쌓여 나의 어깨를 짓누르고,
나의 허리를 휘게 하지만
나 또한 나의 등껍질이 나를 보호해준다고 믿으며
그 무게를 견딘다.

PART 01
인생, 다른 방식으로 보기

나의 혼돈을 재해석하다.
세상을 나의 언어로 이해해야만 했다.

PART 02
독해, 나만의 언어로 읽기

현실은 책의 연장이다.
단지 아주 영리하게 변형되어 얽혀 있을 뿐이다.

속물적이지만 중심을 잃지 않는 '가치관'은 카뮈에게서
삶의 '전술과 전략'은 현대 경영학의 아버지 피터 드러커에게서
그 완성은 '나' 자신에게서 증명되고 확인된다.

PART 01

You need chaos in your soul
to give birth to a dancing star.

•

춤추는 별을 잉태하려면
반드시 내면의 혼돈을 지녀야 한다.

프리드리히 니체 Friedrich Nietzsche

데미안이 되지 못한
피스토리우스로도 완벽하다

헤르만 헤세, 『데미안』

고개를 들었을 때 나는 이미 모순 덩어리인 사회에 던져져 있었다. 나의 존재는 보이지 않는 유령처럼 무시당했다. 이 사회 안에 나의 '자리'는 없었으며 그럼에도 나는 살아남아야 했다. 내가 없어도 아무도 상관하지 않는 그들만의 '사회'라는 곳에 끼어들어 가야 하는 것이 더럽고 치사했으며, '나의 자리가 없는 세상에서 시작하는 것' 자체로 두려웠다.

아무리 생각해도 나는 무의미한 존재였다. 분노했다. 이제 와서 스스로 원한 적 없는 존재의 의미를 찾아내고 살아내야 하는 것이

막막했다. 아예 처음부터 모든 것이 분명했으면 좋았을 것이다. 이상한 나라의 앨리스. 도대체 세상은 무슨 논리로 돌아가는 것인지, 어떤 기준으로 살아가야 하는 것인지 답이 없었다. 승자 독식, 약육강식, 돈의 원리로 돌아가는 세상에서 인생이라는 것을 시작할 엄두조차 나지 않았다.

억지로 짜 맞추고, 편한 대로 생각하고 주장하는 사람들. 그들의 조언은 나에게 오히려 혼란이었고, 비겁한 자기 방어와 타인에 대한 비난에만 열을 올리는 모습은 혐오스러웠다. 이렇게 세상에 대한 혐오로 가득 찼던 어린 시절의 나는, 내가 믿고 나아갈 수 있는, 내가 납득할 수 있는 세상에 대한 나만의 '재정의redefinition'가 필요했다.

물론 나의 생각과 나의 인생에도 모순이 있을 수 있고, 어불성설이 될 수도 있겠지만 그래도 최소한 '인생은 원래 그런 거다'라는 무논리로 논리인 척을 하고 싶지는 않았다. 나에게는 살아가야 할 이유를 스스로에게 납득시키는 과정이 절실하게 필요했으며, 그것은 세상 밖으로 나오기 위한 몸부림이었다.

내가 직면하는 수많은 모순들과 차별들을
어떻게 안고 살아갈 것인가.
나의 이상과 현실의 내 모습이 다르다는 간극을
어떻게 인정할 것인가.
나는 죽을 용기가 없어서 사는 것인가.
이 구차한 인생을 이어갈 명분은 무엇인가.

혼돈의 시간 속에 홀로 버려진 아이가 아무도 주지 않는 답을 위해 할 수 있는 유일한 일은 '책'을 읽는 것이었다. 인문학의 힘이나 고전의 위대함 같은 거창함 이전에 나의 초라한 책읽기에는 '절실함'이 있었다. 그저 방구석에서 숨어 지내고만 싶었던 나에게 책은 유일한 대화 상대였고, 나의 명제들을 함께 완성해준 스승이자, 나를 강하게 만들어 사회로 내보내준 요람이었다.

그렇게 돌아온 탕자는 모순 덩어리인 이 사회에 가장 최적화된 인물로 스스로를 무장했다. '이상한 나라'의 모든 요구를 불만 없이 받아들였지만, 그렇기에 탕자의 언어는 고울 수가 없었다. 나의 독설은 그렇게 나의 본질적인 시작과 맞물려 있다.

헤르만 헤세의 위대한 소설, 『데미안』[1]은 내가 아홉 번을 읽은 책이다. 그러나 사실 완독을 한 건 몇 번 안 된다. 처음엔 50쪽 남짓, 그 다음은 30쪽 남짓. 복습을 하듯 책의 앞부분을 읽고 또 읽으면서 아주 느린 속도로 오랜 기간 꾸준히 읽어나갔다. 진도가 안 나가는데도 이상하게 손에서 놓을 수가 없었다. 완독을 하고도 읽었다고 할 수가 없었다.

이 유명한 고전 명작은 대표적인 성장 소설이다. 주인공 싱클레어가 '진정한 나'를 찾기 위해 크로머와 데미안, 베아트리체, 피스토리우스, 에바 부인 등을 차례로 만나며 성장하는 내용이다. 싱클레어는 나를 완전히 재연한 듯했다.

낯선 세계와의 첫 번째 충돌 : 방황과 혼돈의 서막

돌아보면 유년기라는 것은 사실, 어느 날 갑자기 끝이 난다.
마음의 준비를 할 겨를도 없이 말이다.
아이에게 '부모와 우리 집'은 이 세상의 전부이다. 그러던 어느 날 학교라는 세상으로 들어가면서 아이는 더 이상 가정이 세상의 전부가 아님을, 이 세상이 나를 중심으로 움직이는 것이 아님을, 그리고 누구에게도 말하지 못할 사정과 어둠의 기억이 생겨나는 경험을 하게 된다. 가정이라는 알을 깨고 낯선 세상에 나와 두려움에 홀로 버려지는 그 순간이 우리의 유년기가 끝났음을 알리는 신호인 것이다.

『데미안』의 주인공, 싱클레어의 첫 번째 껍질은 밝고 올바른 세계인 '가정'이었다. 어린 소년은 열 살 무렵, 가족과의 세계에서 균열을 느낀다. 선하고 밝기만 한 가족의 모습과 달리, 한 지붕 아래 같이 살고 있는 하녀와 직공들의 세계는 어둡고 무시무시하다. 그러나 '두 세계'는 묘하게 공존한다.

> 가장 기이했던 것은, 그 경계가 서로 닿아 있다는 사실이었다. 두 세계는 얼마나 함께 있었는지! 예를 들면, 우리 집 하녀 리나는, 저녁 기도 때 거실 출입문 옆에 앉아, 씻은 두 손을 매끈하게 펴진 앞치마 위에 올려놓고 밝은 목소리로 함께 노래 부르는데 그럴 때 그녀는 아버지와 어머니, 우리들, 밝음과 올바름에 속했다. 그 후 곧바로 부엌에서 혹은 장작을 쌓아둔 광에서 내게 머리 없는 난쟁이 이야기를 들려주거나 푸줏간의 작은 가게에서 이웃 아낙네들과 싸움을 벌일 때 그녀는 딴사람이었다. 다른 세계에 속했다.

선하고 도덕적인 부모님의 자식으로 사는 것에 대한 양심의 가책과 불안을 겪던 싱클레어는 그 무렵 불량한 친구 크로머를 만나 방탕하게 지낸다. 가정과 또래집단, 밝음과 어둠으로 대비되는 두 세계 사이에서 짓눌려 고통받던 소년을 구원한 건, 전학생 데미안이었다. 싱클레어보다 성숙했던 데미안은 나이답지 않은 지혜와 독심술로 주인공을 마술처럼 구해낸다. 그러나 기쁨도 잠시, 싱클레어는 이내 데미안을 에워싸고 있는 '단단하고 훌륭한 껍질'을 보게 된다.

널더러 누굴 쳐 죽이라든지 소녀를 강간 살인하라는 게 분명 아니야, 아니지. 하지만 〈허용되었다〉, 〈금지되었다〉라는 것이 사실 무엇인지 통찰할 수 있는 곳에 넌 아직 가보지 못했어. (⋯) 〈금지되었다〉는 것은 그러니까 영원한 것이 아니야, 바뀔 수 있는 거야.

성경 속 인류 최초의 살인 이야기인 '카인과 아벨'에서 카인은 오히려 비겁한 약자들에게 모함을 받은 것이라고 말하는 데미안을 보면서 싱클레어는 두려움을 느낀다. 당연하다고 생각하는 것을 다르게 볼 수 있어야 한다는 깨달음, 비판적 인식과 만나게 되는 순간이었다. 비판 없이 그저 주어진 상황에 순응하며 의존하는 삶은 편안할지라도 지루하고 권태로울 수 있다는 것을 깨달았다.

반면에 기존의 관성을 깨고 낯설게 보며 성찰하는 건, 새롭지만 때론 고통이고 혼란스럽다. 당연히 그에게 데미안은 동경의 대상이자 부담스러운 존재가 되는 것이다. 그래서였을까. 주인공은 데미안을 '세상의 가장 먼 섬'에 있는 존재로 느끼며 거리를 둔다.

홀로 낯선 지역에서 생애 첫 독립생활을 시작한 싱클레어는 마음껏 망가진다. 자신의 존재 가치를 제대로 알아봐주지 않는 세상에 대한 나름의 저항이다. 술과 고독, 허무와 허세에 찌든 그의 방황을 종결시킨 건, 역시나 영혼의 구도자 데미안이었다.

> 새는 알에서 나오려고 투쟁한다. 알은 세계이다. 태어나려는 자는 하나의 세계를 깨뜨려야 한다. 새는 신에게로 날아간다. 신의 이름은 아프락사스.
> ― 데미안의 답장

이 알 듯 모를 듯한 신에게 매료된 싱클레어는 한동안 신을 찾아다니며 방황한다. 그러다 열여덟 살에 우연히 알게 된 오르간 연주자 피스토리우스를 통해 아프락사스에 대한 답을 얻는다. 밝음과 어둠, 여성과 남성, 미와 추, 삶과 죽음, 선과 악을 동시에 아우르는 신비의 신, 아프락사스.

인간의 유일한 의무는
자기 자신의 삶에 의미를 부여하고,
스스로를 완전히 연소시키는 것이다

피스토리우스는 해박한 지식과 총명함으로 싱클레어에게 아프
락사스의 의미를 알려준다. 동시에 싱클레어의 비상을 응원한다.
너무나 완벽해서 부담스러운 데미안과는 다르게 피스토리우스는
싱클레어의 두려움과 죄책감을 이해하고 위로하며 용기를 준다.
그러나 피스토리우스가 열성적으로 쏟아놓는 말들과 다르게 정작
그는 현실과 타협하고 자신의 껍질 안에 안주한 안쓰러운 음악가
일 뿐이다. 작은 교회의 이름 없는 오르간 연주자로 사람들 속에서
온기를 느끼고 싶어하는 '한 마리 약한 개'라고 스스로를 칭한다.
자신을 비범하다고 믿고 싶지만 홀로 외로운 싸움을 하고 싶어하
지 않는 자신의 한계를 인정한다.

피스토리우스의 꿈은 사제가 되어 새로운 종교를 알리는 것이
다. 새로운 신을 제시하는 것, 하지만 그것이 그의 직분이 될 수 없
다는 것을 깨달았을 때, 그는 혼돈의 상태에서 멈춰버렸다. 새로운
세계를 열고자 하는 '이상'과 사람들의 관심을 끄는 오르간 연주자

라는 '지금의 역할' 사이의 간극을 '자신의 약점'이라고 인정하지만, 자신의 이상을 추구할 용기는 없는 것이다.

데미안이 우아한 백조이고, 주인공 싱클레어가 방황 끝에 비상하는 미운 오리 새끼라면, 피스토리우스는 끝내 날지 못하는 새, 거위 같은 존재이다. 데미안이 '완벽한 길잡이'라면 피스토리우스는 미완의 존재인 '만만한 길잡이'인 것이다. 끝내 날지 못하는 새로 울타리 안에 적응하면서도, 화려한 백조에 대한 환상을 버리지 못하고 하염없이 하늘만 바라보는 거위 같은 사람이다. 피스토리우스의 삶은 그렇게 공허해지고 있었다.

차라리 오르간 연주가로서 자신의 길에 의미를 부여했다면 그것 나름대로 충만한 삶을 완성했을 것이다. 하지만 그는 새로운 이상과 꿈을 내세우되 스스로 진화하기를 거부한다. 그저 허울 좋은 말로 '자신도 넘어서지 못했던 길'로 싱클레어를 인도하려고 한다.

현실 속 전형적인 선생님의 모습이고, 꿈을 이루지 못한 부모의 모습이다. 자신은 뛰어넘지 못한 꿈과 목표를 아이들에게 제시하고 독려할 뿐, 정작 자신은 성장을 멈추고 가보지 못한 길만 그리워한다. 그런 피스토리우스에게 싱클레어는 염증을 느낀다. "당신의 꿈에선 골동품 냄새가 난다"라며 공격하지만, 더 나아갈 의지가 없는 피스토리우스는 더 이상 아무런 변명도 하지 않는다. 그런 그를 보면서 싱클레어는 깨닫는다.

각성된 인간에게는 한 가지 의무 외에는 아무런, 아무런, 아무런 의무도 없다. 자기 자신을 찾고, 자신 속에서 확고해지는 것, 자신의 길을 앞으로 더듬어 나가는 것, 어디로 가든 마찬가지였다. 모든 사람에게 있어서 진실한 직분이란 다만 한 가지였다. (…) 자기 자신에게 가는 것. 시인으로 혹은 광인으로, 예언가로 혹은 범죄자로 끝장날 수도 있었다. 그것은 관심 가질 일이 아니었다. 그런 건 궁극적으로 중요한 게 아니었다. 인간의 운명은 하나가 아니라, 자신의 운명을 찾아내는 것이며, 운명을 자신 속에서 완전히 그리고 굴절 없이 다 살아내는 일이었다.

'나'를 둘러싼 세계를 부정하고 깨뜨리는 것은 아프고 고통스럽다. 그것을 알기에 가능하면 피하고 싶다. 그러나 나를 둘러싼 가장 단단한 껍질은 오히려 '고통과 혼란을 두려워하는 나, 껍질 안에 안주하고 싶어하는 나'일 것이다. 세상의 불합리에 짓눌려 한 발 나아갈 시도조차 포기하는 나의 무기력함이 내가 깨지 못하는 나의 껍질이다. 바로 그 무기력함이 피스토리우스가 멈춰 있는 자리이다.

데미안이 되지 못한 피스토리우스로도 완벽하다

피스토리우스를 보면서 나는 지금 내가 머물러 있는 단계를 확인한다. 지금의 나는 알을 깨고 나아가지 못한 채 성장을 멈춘 건 아닌지 스스로에게 묻게 된다. 피스토리우스와 마주하고 내가 찾은 대답은 자신 안의 혼돈에 잠식되지 않아야 한다는 것이다. 화려한 현실에 만족은 하지만 삶의 의미를 찾지는 못했다는 식의 비겁함은 내 안에도 있다.

아프락사스를 꿈꾸지만 현실의 자리에 안주하고자 하는 '모순'은 때로는 나를 비참하게 만들기도 한다. 그리고 피스토리우스는 '그 둘 사이에서 갈등과 모순의 끝을 어떻게 낼 것인가'라는 질문을 내게 던진다.

그 질문에 대한 오랜 고민 끝에 나는 현실과 이상을 둘 다 포기하지도, 증명해내지도 못하는 '나의 모순'을 그대로 안고 가기로 했다. '나름의 이상을 품은 현실의 오르간 연주자'이면 어떠한가. 어쩌면 그 모순을 살아내는 것이 가장 인간다운 운명이 아닐까. 그리고 이제는 더 이상 미숙한 나를 감추거나 괴롭히지 않으려 한다.

최선을 다해 나의 모순을 살아내며 '현실의 나'를 남김없이 불태우는 것, 너무나 인간적인 미완의 존재로서 나의 길을 인정하고, 스스로에게 의미를 부여해주는 것이 나의 직분인 것이다.

어느 꿈이든 새 꿈으로 교체되지요. 그러니 어느 꿈에도 집착해서는 안 됩니다.

지금, 꿈을 꾸는 누군가에게 미완의 피스토리우스가 옆에 있어주는 것도 중요한 일이다. 누구에게나 데미안 이전에 피스토리우스를 필요로 하는 시기가 있고, 그것이 내게 주어진 '역할'이라 믿는다. 껍질을 깨고 새로운 세계로 비상하는 누군가에게 비록 골동품 냄새 나는 길잡이일지언정 그들 인생에 한 시절 길잡이로 기억될 수 있다면 그것으로 충분하다.

훗날 그들이 나를 넘어선 뒤에, 나의 한계를 보고 실망할 수도 있다. 그러나 내 안에서 찾은 피스토리우스로서의 나의 모습에 나는 만족한다.

나는 오늘도 '미완의 피스토리우스'로서 다시 『데미안』을 읽는다. 이따금 열쇠를 찾아내어 완전히 내 자신 속으로 내려가면, 어

두운 거울 속에서 운명의 영상들이 잠들어 있는 곳으로 깊이 내려
가면, 거기서 나는 그 검은 거울 위로 몸을 숙여 나 자신의 모습을
본다. 나는 아직 그와 닮아 있다. 내 친구이자 동반자인 피스토리
우스와.

세계를 그냥 자기 속에 지니고 있느냐 아니면 그것을 알기도 하느
냐, 이게 큰 차이지. 그러나 이런 인식의 첫 불꽃이 희미하게 밝혀질
때, 그때 그는 인간이 되지.

I have been and still am a seeker,
but I have ceased to question stars and books,
I have begun to listen to the teachings my blood whispers to me,
My story is not a pleasant one ; it is neither sweet nor harmonious,
as invented stories are;
it has the taste of nonsense and chaos, of madness and dreams
- like the lives of all men who stop deceiving themselves,

나는 항상 그래왔듯이 여전히 무언가를 갈구하지만,
더 이상 별들과 책들에게 묻지는 않는다.
나는 내 피가 속삭이는 가르침을 듣기 시작했다.
내 이야기는 즐겁지 않다.
지어낸 이야기들이 그렇듯이 달콤하거나 조화롭지도 않다.
내 이야기는 터무니없고 혼란스러우며, 광기와 꿈으로 가득 차 있다.
더는 스스로를 속이지 않기로 한 모든 사람들의 삶처럼 말이다.

- 헤르만 헤세Hermann Hesse

좀비들에게 살해당한
이방인의 부활, 사토리 세대

알 베 르 카 뮈, 『이방인』

자신에게 해당하는 항목에 표시하시오.

- 부모님의 황혼 이혼은 내가 관여할 부분이 아니다. ☐

- 자신 없는 것에 대해 자꾸 물어보면
  억지로 대답하고 싶지는 않아 침묵한다. ☐

- 직장 상사가 대놓고 싫어해도,
  대의명분이 있다면 휴가는 포기하지 않는다. ☐

- 죽음이란 단어가 절망적이거나 슬프지만은 않다. ☐

- 상대가 나를 이해하지 못한다면
  굳이 설명하지 않고 그냥 무시해버린다. ☐

- 나에게 호의적이라면 평판이
  좋지 않은 사람과도 잘 지낼 수 있다. ☐

- 부모님이 앞으로 나와 함께 살면서 무료한 것보다는
  부모님 또래와 지내는 것이 낫다고 생각한다. ☐

- 모난 돌이 정에 맞는다. 그래서 나서지 않는 경우가 있다. ☐

- 사람들이 나에 대해 함부로 동정하거나 판단하는 것이 싫다.
  그래서 나에 대해 잘 말하지 않는다. ☐

- 무엇을 원하는지, 꿈이 무엇인지는 확신할 수 없지만
  무엇을 싫어하는지, 어떤 것에 관심이 없는지는 명확하다. ☐

　위의 항목 중 절반 이상에 해당하는 사람은 알베르 카뮈의 소설 『이방인』²을 꼭 읽어보기 바란다. 카뮈의 대표작 『이방인』은 '인간은 결국 죽는다'라는 명제에도 불구하고 오늘 하루를 고집스럽게 버텨낸 우리의 삶을 매우 잘 형상화한 작품이다. 따라서 내가 임의로 만든 위의 체크리스트에서 해당 사항이 많으면 많을수록 소설 속 주인공, 이방인 뫼르소와의 만남을 서두르기 바란다.

모두가 똑같이 말하고, 똑같이 울고, 똑같이 웃어야 하는 사회

세뇌당하기를 거부하고 길들여지지 않는 자, 유죄

『이방인』은 주인공 뫼르소의 시점으로 진행되는 소설이다.

1부는 뫼르소가 어머니의 죽음을 전보로 받은 직후부터 살인을 저지르기까지 어떤 일상을 보냈는지에 대해 자세하게 그린다. 2부는 우연하게 저지른 살인죄로 감옥에 들어간 이후의 삶 이야기다.

오늘, 엄마는 죽었다. 아니 어쩌면 어제였을지도 모른다. 양로원에서 보낸 한 통의 전보를 받았다. "어머니 별세. 내일 장례. 삼가 아룀" 그건 아무런 의미가 없다. 아마도 어제였을 것이다.

많은 사람들에게 회자되는 이 첫 구절은 왜 강하게 기억에 남는 것일까? 사실 그다지 강한 어조도, 강한 단어도 없는데 말이다. 나는 그 이유가 카타르시스라고 생각한다. 어머니의 죽음을 그런 식으로 말하는 것은 도덕적으로 옳지 않다. 그런데 누구나 한번쯤은 터트려보고 싶지만 사회 규범에 어긋나기 때문에 억누르고 있는 욕구들이 있으며, 옳고 그름을 떠나서 정제되지 않은 상태의 자신의 의식을 날것 그대로, 솔직하게 표출해보고 싶은 욕구가 있다. 위의 문장은 그것을 극단적으로 보여주는 것이리라.

어머니의 죽음이 오늘인지 어제인지 모르는 남자. 그는 심지어 어머니 장례식 다음 날, 전 직장 동료였던 마리라는 여자와 해수욕을 하고, 코미디 영화를 보고, 잠자리를 갖는다. 어머니를 모욕하려고 일부러 그런 것은 아니다. 어머니를 사랑하지 않은 것은 아니지만 딱히 눈물이 나지 않았다. 어머니가 입관하던 날을 그는 "여느 때와 마찬가지 일요일이었고, 엄마는 땅에 묻혔고, 나는 다시 직장에 나가야 할 것이고, 그러니 결국 달라진 것은 아무것도 없다"라고 생각한다. 어쩌면 그는 몇 해 전, 어머니를 경제적인 이유로 양로원에 모시기로 결정한 날, 눈물을 흘렸는지도 모르겠다. 어머니의 장례식에서 그가 유일하게 느낀 감정은 태양이 유독 뜨겁다는 것이었다. 그가 알제리 해변에서 아랍인을 총으로 쏘아 죽인 날도 뜨거운 태양을 견디기 힘들었다.

그것은 내가 엄마의 장례식을 치르던 그날과 똑같은 태양이었고, 그날과 똑같이 특히 머리가 아팠고, 이마의 모든 핏대가 한꺼번에 다 피부 밑에서 지끈거렸다. (⋯) 방아쇠가 당겨졌고, 나는 권총 자루의 매끈한 배를 만졌다. (⋯) 나는 내가 낮의 균형을, 내가 행복을 느끼고 있던 해변의 이례적인 침묵을 깨뜨렸다는 것을 깨달았다.

뫼르소의 살인, 아랍인의 죽음. 2부는 그렇게 시작된다.

"아랍인에게 다섯 발의 총을 연달아 쏘았나요?" 예비판사의 질문에 뫼르소는 "한 발을 쏘고, 몇 초 후에 다시 네 발을 쏘았다"라고 설명한다. "첫 발과 둘째 발 사이에 왜 기다렸습니까?" 뫼르소는 대답하지 못한다. "왜 그랬습니까? 그것을 말해줘야 합니다. 왜 그랬습니까?" 뫼르소는 여전히 말이 없다. 그러자 예비판사, 갑자기 서류함에서 십자가를 꺼내 들고 휘두르기 시작하며, 하나님 앞에서 회개하면 구원받을 수 있다고 설득한다. 뫼르소는 지나치게 흥분한 듯 보이는 판사의 기분을 적당히 맞춰주려다 그냥 솔직하게 고백한다. "나는 신을 믿지 않습니다." 그는 감정을 꾸며내거나 과장하지 않는 인물이다. 자신과 다르게 신의 존재를 거부하는 뫼르소에게 예비판사는 화가 났을 것이다.

예비판사에서 시작하여, 법정에서, 그리고 사회에서, 그는 공공의 적이며 질타의 대상이 된다. 그가 범한 죄는 '힘 있는 자, 다수인 자들의 정의에 동조하지 않는다는 것'이었다. 체재의 가치관과 정의에 세뇌당하기를 거부한 것, 바로 그것이 뫼르소의 죄인 것이다. 그들은 항상 권위를 잃을까 두려움에 떨고 있기 때문에 그저 자신들과 다르다는 것만으로도 자신들의 세상이 위협받는다고 느낀다. 그래서 이방인은 사회정의 유지라는 명분하에 제거되는 것이다.

그때부터 재판은 이상한 방향으로 흘러간다. 재판의 쟁점은 아랍인의 죽음이 아니라 '뫼르소는 어째서 어머니의 장례식에서 울지 않았는가'가 된다. 사실 프랑스 식민지인 알제리에서 프랑스인에게 살해당한 아랍인의 죽음은 애초부터 큰 문제가 아니었을 것이다. 오히려 신을 믿지 않는 뫼르소의 영혼, 다수의 신념과 보편적 정서를 거스르는 뫼르소가 더 문제였던 것이다.

그리하여 '반기독자 양반' 뫼르소는 어머니의 죽음 앞에서 슬퍼할 줄 모르는 반사회적 인물로 몰리게 된다. 뭔가 잘못됐다 싶지만 뫼르소는 자신을 변호하지 않는다. 검사의 주장에 좀 아니다 싶은 부분이 있어서 한마디 할까도 했지만 그의 변호사가 "가만 있어요, 그래야 일이 잘 됩니다"라며 그의 입을 막았기 때문이다.

사람들은 나를 빼놓은 채 사건을 다루고 있는 것 같았다. 나는 참여도 시키지 않고 모든 것이 진행되었다. 나의 의견은 물어보지도 않은 채 나의 운명이 결정되는 것이었다.

그렇게 재판은 당사자인 뫼르소를 소외시킨 채 흘러간다. 그는 피고석에 앉아 그 상황을 흥미롭게 지켜본다. 하나님 앞에서 눈물로 참회하는 모습을 보이거나, 어머니의 죽음에 충격을 받아 정상적인 판단을 할 수 없었다고 둘러댄다면 단두대의 칼날을 피했을지도 모른다. 그러나 그는 끝까지 자신을 속이지 않는다. 체제의 회유, 자신들과 다른 존재를 동일화하려는 집요한 유혹은 그에게 아무런 의미가 없었다.

나는 죄라는 것이 무엇인지 모른다고 말했다. 내가 죄인이라는 것을 남들이 나에게 가르쳐주었을 뿐이다. 나는 죄인이고, 죄의 대가를 치르는 것이니, 그 이상 나에게 요구할 수는 없을 것이었다.

그리하여 그는 상고를 포기한다. '서른에 죽든, 일흔에 죽든 별반 다르지 않다'라고 생각한다. 어머니의 죽음, 자신이 살해한 아랍인의 죽음, 그리고 자신의 죽음 앞에서도 그는 동일한 태도를 보인다. 그것은 자신에 대한, 자신의 인생에 대한, 그리고 곧 닥쳐올 죽음에 대한 확신이다.

현대인을 구원한 그리스도, 이방인

얼핏 뫼르소에게 죄의식이 없어 보이지만, 사실 그에게는 더 확실한 옳고 그름의 기준이 있었다. 그에게 사회의 법규는 어찌 되었든 옳은 것이다. 따라서 그는 법을 따르는 것에 저항하지 않는다. 즉 살인에 대한 사형 판결을 순순히 받아들인다. 그러나 그 이상을 요구하는 압력에 대해서는 확실하게 선을 긋는다. 그는 기존의 전통적인 가치관이나 관습적인 생각들을 끝까지 거부하며 오히려 그렇기 때문에 자신은 정당하다고 확신한다.

내 생각은 옳았고, 지금도 옳고, 언제나 또 옳을 것이다. 나는 이렇게 살았으나, 또 다르게 살 수도 있었을 것이다. 나는 이런 것은 하고 저런 것은 하지 않았다. 어떤 일은 하지 않았는데 다른 일은 했다. 그러니 어떻다는 말인가? 나는 마치 저 순간을, 내가 정당하다는 것이 증명될 저 새벽(사형집행일)을 여태껏 기다리며 살아온 것만 같다. 아무것도 중요한 것은 없다.

그는 죽음을 선택하는 것으로써 이방인의 삶을 완성하려 한다. 사회적 통념이나 시스템이 만들어놓은 질서나 윤리와는 다르게 생각하고 살아온 자신을 지키고자 한다.

"아무도 그녀의 죽음을 슬퍼할 권리는 없다."

이 한마디에서 나는 뫼르소가 어머니의 인생을 얼마나 존중하는지 알 수 있었다. 어머니의 삶에는 자신이 함부로 평가할 수 없는 의미가 있음을 인정하는 것이다. 사람들에게는 타인의 삶을 '자신과의 관계'로 한정 짓고 명명하려는 이기적인 태도가 있다. 그러나 뫼르소는 황혼의 늙은 남자 친구와의 사랑을 포함한 그녀의 모든 것을 '엄마'라는 이름으로 가두지 않는다. 엄마이기 이전에 한 인간으로서 그녀의 인생에 있었을 나름의 행복과 불행에 대해 함부로 평가하고 싶지 않은 것이다.

어머니를 잃었음을 슬퍼하는 것은 단지 아들의 입장일 뿐이다. 아들과의 관계는 그녀의 삶에 있어서는 오히려 한 단면일 뿐이다. 뫼르소는 어머니를 자신의 어머니임을 떠나 하나의 인격으로 존중하는 것이다.

그리고 그는 자신의 인생에 대해서도 같은 말을 하고 싶었을 것이다. '아무도 함부로 나의 죽음을 슬퍼할 권리는 없다'라고. 그렇게 그는 자신의 삶에 대한 존중을 요구하고 있다. 사람들의 값싼 평

아무도 그녀의 죽음을 슬퍼할 권리는 없다.

아무도 내가 선택한 삶의 행복에 대해
함부로 논하거나, 평가할 수 없다.

아무도 나의 삶에서 무엇이
가장 옳은 것인가를 강요할 수 없다.

이 세상에 존재하는 유일한 의미는
내가 나 자신의 삶을 살아가고 있다는 것뿐이다.

가와 개입을 거부할 인간의 권리를 주장하고 있다. 자신이 선택한 삶의 의미와 자신이 옳았음에 대한 역설적인 항변인 것이다.

이렇게 카뮈는 자신의 창조물인 뫼르소의 죽음을 통해 우리 안에 사장死藏되어 있는 이방인에게 새로운 삶을 선사한다. 부조리한 생애, 영원하지 않은 삶에서 오로지 옳은 것은 나 자신뿐이라고 이야기한다. 그러니 거대한 세계에서 고립되는 것을 두려워하지 말고 저항하라고, 기꺼이 오늘을 버텨낸 우리를 다독인다.

뫼르소의 선택을 지켜보면서 나는 내 안에 오랜 시간 맺혀 있던 멍울이 해소됨을 느꼈다. 정상 혹은 일반이란 이름으로 강요받았던 모든 규범, 의식, 말, 행동으로부터 나를 완전히 자유롭게 풀어준 대가로 그가 사형을 당한 듯했다. 무신론자였던 카뮈가 "이방인은 현대에 있어서 유일한 그리스도이다"라고 말한 이유는 아마도 그것이 아니었을까 추측해본다.

다만 그런 이방인을 지켜보면서 안쓰러웠던 것은 적극적으로 반항하거나 싸우려 들지 않는 모습이다. 뫼르소는 사소한 말싸움조차도 하지 않는다. 자신들과 다르다는 이유로 이방인을 위협적으로 여기고 추방하려는 사람들에게 아무런 항변도 하지 않는다. 자신들만의 기준으로 옳고 그름을 판단하는 세상을 향해 "아무도 그녀의 죽음을 슬퍼할 권리는 없다" 이 말 한마디를 소리 내어 말하지 못한다. 그저 침묵과 관조로 저항한다.

이방인의 부활, 사토리 세대

지금 우리 사회는 어떠한가. 나와 다른 이질적인 존재에게 발언의 기회를 허용하는 사회일까. 타인의 삶에 대한 존중, 다양성의 인정이 과연 존재한다 할 수 있을까. 최근에 눈에 들어온 단어 중에 하나는 바로 '사토리 세대'이다. 일본에서 처음 이름 붙여진 이 세대의 특징은 기성세대가 정의 내린 성공이나 물질적인 가치에 휘둘리지 않는다는 점이다. 취업, 연애, 결혼, 출산, 집 소유 여부에도 집착하지 않는다. 그래서 사토리는 '오포 세대'라 불리기도 하고, '달관 세대'라고도 불리고, '안분지족 세대'라 불리기도 한다. 모두가 기존 사회의 언어로 만들어진 정의들이다.

기성세대의 세계에서 그들은 열정이 없는 무기력한 존재이다. 때문에 그들로 인해 국가 경쟁력이 떨어질 것이다, 경제 성장이 둔화될 것이다, 우려하고 걱정한다. 그럴 수도 있다. 그들 스스로도 자신들이 그런 존재라 생각할지 모르겠다. 그러나 최근 일본에서 진행된 설문조사를 보면 사토리 세대는 최소한 그들의 삶에 만족하고 행복해한다고 한다. 그래서 나는 그들을 현대판 이방인이라 생각한다. 그들은 기성의 가치관이나 무의미한 신념으로부터 자유로운 세대이다. 물질적으로 덩치를 키우는 일보다 눈앞에 놓인 오늘 하루, 일상의 소소함을 중시하는 그들의 삶은 여름철의 냄새, 좋아하는 거리, 어떤 저녁 하늘, 여인의 웃음과 옷차림에서 삶의 기쁨을 찾았던 뫼르소를 닮았다.

돌아보면 새로운 세대는 늘 기성의 언어로 명명되어 왔다. 신세대, X세대, 88만 원 세대, 삼포 세대, 사토리 세대…… 기성 사회는 늘 자신들의 언어로 새로운 인류의 등장을 명명하며 이질적인 그들을 동일화하기 위한 논리를 펼친다. 아직 자신들의 언어를 갖추지 못한 새로운 세대는 스스로를 변호하지 못한 채 담론에서 배제되고, 집단으로부터 낙오되거나 추방되기도 한다. 사실 추방과 배제의 공포에서 자유롭기란 쉽지 않다. 그래서 대다수의 사람들은 자기 안에 이방인을 죽이고 기존 질서에 흡수되거나 죽은 신념을 안고 살아간다.

과거의 이방인들은 기존 질서의 유지를 위해 죽임을 당했지만, 이 시대의 이방인들은 세상 밖으로 나왔다고 생각한다. 지금 우리 사회는 체제의 힘을 잃었기 때문에 더 이상은 성공이나 물질적인 부의 '의미'를 지켜내지 못하게 된 거다.

힘을 잃은 신념이나 가치관들은 더 이상 새로 등장한 세대를 통제할 수 없게 되었다. 지금의 젊은 세대들 때문에 경제력이 약화되는 것이 아니라 오히려 경제력은 잃었으나, 자신들의 체제를 유지하고자 하는 기성세대들이 다음 세대의 이방인들을 통제하지 못하고 있는 것이다.

그동안 우리 사회의 가장 큰 당근은 '부와 명예', 즉 돈과 성공이었지만, 이제는 그러한 화려한 경제적 보상을 장담해줄 수 없게 되었다. 예전에는 경제적 보상이라는 당근을 흔들어가며 기성세대를 체재 안에 가두고 끌고 갈 수 있었다. 당근은 보상이자 협박의 수단이다. "너는 말을 잘 들어야 당근을 받는다. 당근 먹고 싶으면 말 들어!" 그러나 이제 경제적인 보상을 해주지 못하는 사회에서 아직도 기성세대들은 그들이 지켜야 한다고 믿는 낡은 가치관과 의미만을 부여잡고 초라해지고 있다.

사람들은 중요한 것이 너무 많다. 사람들은 의미를 찾아서 산다. 그 의미가 의미 없어지기 전에 인간은 결코 안식할 수 없다. (…) 그것이 무엇이 되었든 '의미 있음'이 그대를 지배하고 있는 동안, 그것은 그대 자신의 예고의 몸짓일 뿐, 그리스도의 거룩이 깃들일 공간은 없다. 그 대의 '그 의미하는 바'가 곧 그대 안의 생명을 내몰고 그대를 '의미 있 는 것의 노예'로 만든다.

한 가지 확실한 점은 과거의 이방인들은 기성 체제의 힘에 굴복 했지만, 지금의 사토리들은 굴복할 필요가 없다는 것이다. 다시 말 해 그 기존 체재의 울타리 안에 갇힐 필요가 없으며, 대신 좀 더 자 유롭게 자신의 의지대로 말하고 행동하며 살아갈 수 있는 새로운 삶의 형태 앞에 놓인 것이다. 기성세대들이 자신 안의 이방인을 죽 이고 경제적인 보상을 받았다면, 사토리는 경제적인 보상 대신 '나 답게 말하고 행동할 수 있다는 보상'을 받는 것이다.

물론 '경제적인 보상'과 '나답게 살 수 있는 삶' 중에서 무엇이 더 좋은가는 개인의 판단이다. 그러나 남의 떡이 커 보이기 때문에 기 성세대들은 돈과 일의 노예가 되지 않을 수 있는, 인간다운 여유가 있는 삶을 부러워할 것이고, 사토리 세대들은 육체적으로 고생을 하더라도 물질적인 풍요를 부러워할지도 모르겠다. 하지만 우리는 한 발짝 떨어져서 양쪽을 모두 객관적으로 봐야만 한다. 그래야만 자신의 현실에 대해 감정적으로 억울해하지 않을 수 있기 때문이다. 그리고 바꿀 수 없는 선택지라면, 내게 주어지지 않은 선택에 연연하기보다는 자신이 누릴 수 있는 것을 놓치지 않고 살아내는 것도 중요할 것이다.

'이방인'의 삶은 외줄을 타는 것이다.

언제든지 다수에 의해 끌려 내려올 수 있으나
꿋꿋이 공중에 홀로 떠 있는 존재,
줄 타는 광대처럼 얇은 밧줄 하나에
아슬아슬한 걸음을 옮기는 것이다.

저 아래에 수많은 눈들과 손들이 나를 향한다.
떨어지기를 바라는 사람들
버티기를 바라는 사람들
묘기 부리기를 바라는 사람들
걱정해주는 사람들
그러나 그들의 아우성은 막상 그들에게만 들린다.

내가 올라선 줄 위의 세상은 고요하다.
오히려 스스로에게만 집중한다.
줄 위의 세상은 나의 한 발 한 발로 창조된다.
나만의 이야기를 써내려가는 이 외줄의 삶은
누구와도 닮아 있을 수 없다.

홀로 공중에 떠 있는 광대의 시선은 다를 수밖에 없다.
더 이상 사람들과 눈높이를 같이하지 못하고,
그들의 소리에 귀를 기울이는 것에 익숙하지 못한,
그래서 이제는 줄에서 내려올 수 없게 된 광대는 홀로 계속 외줄을 탄다.

광대이기도 하고, 이방인이기도 한 나는
나만의 자존심과 나만의 세상을 만들어 숨 쉰다.

내 나이 열세 살에 읽은 『이방인』은 내 사춘기를 통째로 흔들어놓았다. 엄마의 죽음에 눈물을 흘리지 않는다……

내가 사랑하는 대상이 과연 '엄마 역할을 하는 존재'인가 아니면 그 사람인가. 만약 그 사람이 내 엄마라는 위치가 아니라면 그를 사랑하지 않았을 것이 아닌가. 나를 낳아주고 키워준 사람이 다른 사람이었다면, 그 사람이 애정의 대상이 될 뿐이다. 어차피 누구인가는 중요한 것이 아니다. 결국 나는 엄마라는 이름으로 사랑할 대상을 사랑한 것이다. 이러한 고민은 사춘기의 나를 더 시니컬하게 만들어놓았다.

이제 와서 보면 사랑이란 당연히 관계 속에서 시작되는 것인데 말이다. 다만 관계로만 정의된 사랑은 상대에게 일방적인 모습으로 기억되기만을 요구한다. 그러므로 나와의 관계를 떠난 '한 사람'으로 그를 보려는 노력과 그 과정이 수반되어야 하는 것이다.

흔히들 아들이 나이를 먹고 직장생활을 하다 보면 아빠를 더 이해하게 되고 사랑하게 된다고 한다. 그것은 아빠에 대한 유아적인 사랑뿐만이 아니라 이렇게 힘든 삶을 살아온 한 사람에 대한 존경과 이해, 그리고 같은 남자로서의 동질감에서 오는 애정이 더해지기 때문이리라.

스크루지의
따뜻한 크리스마스

찰스 디킨스, 『크리스마스 캐럴』

학원 가는 길에 가벼운 접촉 사고가 난 적이 있다. 강의 시간에 맞춰 도착하느라 사고 수습을 제대로 못한 나는 수강생들에게 잠시 양해를 구했다. "미안하지만 강의 시작을 5분만 늦춥시다. 내가 오다가 가벼운 접촉 사고가 났는데 잠깐 보험회사에 전화 한 통만 하고 올게." 그러고는 급하게 돌아서는데 내 뒤통수에 대고 학생들이 술렁거리며 말했다.

"누군지 큰일 났네, 그 사람 이제 죽었다." 나도 슬쩍 웃음이 났다. 내가 다쳤을 것을 걱정하는 학생은 한 명도 없었다. 학생들은 모두 상대방 걱정만 하고 있었다.

그렇게 나는 독하고 강한 이미지다.

토익마녀 유수연. 실제로 나는 한 겨울에도 강의실에 히터를 켜지 않는다. 오히려 에어컨을 틀기 때문에 학생들은 사색이 되어 앉아 있곤 한다. 강의실이 따뜻한 꼴은 절대 못 본다. 그리고 나는 하루 강의가 끝날 때까지 커피 외에는 거의 음식을 먹지 않는다. 아주 구시대적인 발상이지만 춥고 배가 고파야 예민해지고 그만큼 집중이 잘 된다고 생각하기 때문이다. 주말이라고 들떠 있는 학생들에게 주로 던지는 고정 멘트는 "주말이 즐거워? 그래 어디, 내년 주말도 즐거운가 보자"이다. 화기애애했던 강의실을 삽시간에 얼어붙게 만드는 재주, 그것도 재주라면 나는 〈겨울왕국〉의 '엘사' 다음으로 타고났다.

이런 나와 아주 비슷한 캐릭터가 소설 속에 한 명 더 있다.

바로 영국의 작가 찰스 디킨스가 쓴 『크리스마스 캐럴』[3]의 주인공 '에베니저 스크루지'이다. 다음은 크리스마스를 기뻐하는 조카 프레드에게 지독한 구두쇠, 스크루지가 보이는 반응이다.

메리 크리스마스라니! 너 같은 놈이 성탄절을 즐거워할 자격이라도 있냐? 거지같이 가난한 놈이 무슨 이유로 즐겁다는 게야? (…) 멍청이들이 우글거리는 세상에서 살고 있는데! 메리 크리스마스라니! 망할 메리 크리스마스다! 너 같은 녀석에게 크리스마스란 버는 건 없는데 빚은 갚아야 하고, 벌이가 나아지진 않는데도 나이만 한 살 더 먹는 때일 뿐이지. 넌 지금 즐거워할 것이 아니라 장부를 보며 일 년 열두 달 어느 항목에서 적자가 났는지 확인해야 할 시기가 아니냐? 내 마음 같아서는 그냥 확……'

취업 준비를 하는 수강생들에게 내가 날리는 독설과 완전 판박이다. 스크루지 역시 "삼복더위에도 사무실을 얼려놓았고, 크리스마스라 해도 온도를 1도도 올리지 않았다"라고 하니 나만큼이나 참 냉기를 몰고 다니는 어르신이다. 독하고 강한 캐릭터, 우리 같은 사람들은 쉽게 변하지 않는다. 심지어 스크루지처럼 나이가 많은 경우라면 더더욱 자신이 살아온 관성을 버리기가 쉽지 않을 것이다.

그런데, 그랬던 그가 변한다. 사람들과 소통할 줄 모르던 그가 부하 직원의 상황을 배려하고, 거리의 사람들과 인사를 나눈다. 가난해도 행복할 수 있다는 조카의 말을 받아들이고, 기꺼이 그의 초대에 응한다. 타인의 삶에 진심으로 공감하고 소통하기 시작한 것이다. 무엇이 그를 달라지게 한 걸까?

동화책 읽는 스크루지

어! 알리바바다! 저건 분명 그 옛날 정직했던 알리바바가 분명해요. 불쌍한 녀석. 아, 저기들 들어오는군요. 저기 저 사람 이름이 뭐였더라? 다마스쿠스 성문 앞에서 속옷 바람으로 누워 있는 저 사람 말이에요. 저 사람 안 보여요?

한낱 동화책에 벌겋게 흥분해서 한참을 떠들어대는 아이가 있다. 스크루지는 불쌍하게 외로이 버려졌던 한 아이를 기억한다. 그 아이는 과거의 스크루지이다.

이어서 과거 젊은 자신이 점원으로 일했던 가게가 등장한다. 그 가게의 주인인 페치위그 영감이 직원들을 위해 크리스마스 파티를 열어주는 장면이 나온다. 그 작은 파티에 행복해하는 직원들을 향해 유령은 "사소한 걸로 무지한 사람들을 홀렸군"이라며 신랄하게 냉소한다. 사실 그 유령의 대사는 현실에서 스크루지가 할 법한 말이었다. 그러나 과거의 스크루지는 오히려 이렇게 반발한다.

페치위그 영감님은 우리들을 행복하게도 불행하게도 할 수 있습니다. 그분이 주는 행복은 돈으로는 살 수 없는 매우 귀중한 겁니다.

그렇게 한 발 떨어져서 자신을 들여다보면서 그는 잊고 지내던 소중한 것들을 기억해낸다. 가난 때문에 포기했던 사랑과 꿈, 돈만 쫓으며 살다가 잃어버린 가족과의 시간, 순수했던 마음, 외로움을 두려워하는 자신을 발견하고 스스로에게 연민의 눈물을 흘린다.

과거 자신의 꿈과 사랑을 기억해내자, 현재의 그가 무시했던 것들 '가난해도 사랑하고 행복할 수 있다'라는 공감대가 생겨나게 되고 그렇게 그는 조카와 직원의 삶에 공감하기 시작한다. 결국 공감은 소통을 끌어내고, 이야기는 가난하지만 행복한 조카의 크리스마스 초대를 거부하는 것으로 시작해서 조카의 집을 방문하는 것으로 끝을 맺는다.

이 책의 기발함은 유령이라는 장치를 통해 자기 자신을 객관적으로 돌아보게 하는 것이다. 스크루지는 유령과 함께 자신의 과거, 현재, 미래의 모습을 한 발짝 떨어져서 바라본다. 가난한 집의 외톨이였던 꼬마 시절부터 열정적으로 일을 배우고 즐기던 청년 시절, 돈에 미쳐서 사랑하는 여자를 떠나보냈던 과거와, 주변인들의 입을 통해 확인하는 현재, 누구도 슬퍼하지 않는 비참한 죽음을 맞는 미래까지, 자신의 모습을 객관적인 시선으로 확인한다.

가난하지만 행복한 조카 프레드는 늘 화가 나 있는 외삼촌 스크루지를 이해할 수가 없다. 반면 돈이 세상의 전부라 믿는 수전노 스크루지는 가난한데 행복하다고 말하는 조카 프레드가 한심하다. 그들은 그저 서로 자신과 다른 상대가 안쓰럽고 불쌍하다.

이것은 일종의 동정일 뿐이지 진정한 이해나 공감은 아닌 것이다. 『공감의 힘』[4]이라는 책에 따르면 동정은 "상대의 감정과 일치하지는 않지만, 상대의 감정적 상태나 조건에 대해 보이는 감정적 반응으로, 상대에 대한 슬픔의 감정이나 상대의 안녕을 염려하는 마음"을 말한다. 동정은 그저 상대를 위하는 감정일 뿐이다.

이러한 상대에 대한 '동정'이 '공감'으로 이행되기 위해서는, 우선 자기 자신의 감정이 어디서 어떻게 시작된 것인지에 대한 이해와 자각이 필요할 것이다.

오지랖 넓게 남의 인생을 논하기 전에,
자기 자신부터 이해해야 한다

우리는 월드컵에 열광하고, 사회적 이슈에 크게 공분하며 재난이 발생하면 자발적으로 성금을 모은다. 우리 사회는 이런 일종의 집단적 공감에 강해 보인다. 집단 공감에 참여할 때 우리는 개개인이 갖고 있는 외로움에서 일시적으로 벗어나게 된다. 대의에 동참한다는 열의에 취하기도 하고, 그러면서 개인의 사사로운 현실인 괴로움을 잠시 잊기도 한다. 하지만 서로 눈높이를 맞추고, 같이 슬퍼하거나 함께 기뻐하는 일차원적인 단계의 공감이 과연 우리 사회의 본질적인 소통을 가능하게 할 수 있을까?

많은 사람들이 스스로를 위로하기 위해 다양한 활동과 관계를 맺지만 여전히 자신은 이해받지 못한다고 느끼는 이유는 무엇일까? 그 많은 관계들 속에서도 자신은 외롭고 혼자이며, 인생이 허무하다고 느끼는 이유 말이다.

요즘 SNS나 온라인 게시판을 보면 외부와 활발하게 소통하는 척하지만 정작 자기 자신과의 소통은 등한시하는 사람들을 꽤 보게 된다. 그들은 자신이 진정 원하는 것이 무엇인지, 자신의 고민과 신념이 무엇인지, 객관적인 자신의 상황을 들여다보거나 스스로에 대한 고민이나 분석 없이 살아가는 듯하다. 겉으로는 타인을 이해하는 척하지만 정작 자기 자신 안에는 그 공감의 내용이 없다. 그저 때마다 이슈에 휩쓸려 다니며 남의 이야기를 잘 들어주고 고개를 끄덕이고 감탄사를 내뱉는 것이 공감은 아니다.

그런 무의미한 반응들은 오히려 서로에게 공허함을 남길 뿐이다. 공감이란 일방적으로 주는 감정이 아니다. 그러니 무조건 다른 사람의 입장을 이해하려고 애쓰기 전에 먼저 자신의 상황, 스스로를 돌아보는 것부터가 필요하지 않을까. 흔히들 공감과 소통의 기본 전제는 타인에 대한 이해라고 생각하며, 맹자의 역지사지易地思之나 북미 표현으로 "다른 사람의 신발을 신어 보라(Put yourself in other person's shoe)"부터 떠올린다. 그러나 나는 그 전에 한 단계가 더 있어야 한다고 본다. 바로 나 자신에 대한 이해이다. 남의 신발을 신기 전에 나 자신의 신발부터 살펴봐야 한다. 데이비드 호우는 『공감의 힘』에서 영국의 이론심리학자 니콜라스 험프리의 말을 빌려 이것을 '사회적 지성'이라고 한다.

우리 자신의 행동에 대해 어떻게 설명할지 어느 정도 알 수 있다면, 나의 행동에 대해 상대가 취할 반응을 포함하여 상대방의 행동을 지배하고 있는 것이 무엇인지 꽤 용단 있고 날카롭게 예측해볼 수 있을 것이다. (…) 요컨대 우리는 자신의 존재에 대해 잘 알기 때문에 상대방의 입장이 되면 어떻다는 것 역시 상상할 수 있다. '나 자신을 잘 알면 상대를 더 잘 이해할 수 있다'라는 것이 바로 사회적 지성이다.

입만 살아 있는 사람의 의견은 누구도 듣고 싶어하지 않는다

우리의 삶은 서로 비슷하면서도, 또한 전혀 다르기도 하다. 물론 다른 사람들의 모든 상황을 내가 똑같이 경험하거나 고민할 수는 없다. 그러나 고민의 깊이는 다양성을 아우른다. 자신이 직면한 상황에 대해 다각도로 깊이 고민해본 사람만이 외부와 소통할 수 있으며, 자신에 대해 다각도의 감정을 느껴본 사람만이 다양한 사람의 감정에 공감하고 차이를 이해하고 소통할 수 있는 것이다.

남들 가는 대학이니까 나도 갔다는 식의 사람과 어떻게 진학과 입시의 고민을 나눌 수 있겠는가. 다들 취업하니까 나도 일단 직장에 들어왔다는 사람과 어떻게 진로를 고민하고 인생을 논하겠는가. 보수가 나쁘다 진보가 나쁘다 주워들은 얘기로 떠드는 사람과 토론을 해서 무엇하겠는가. 소통은 스스로에 대한 고민과 이해와 입장에서 출발하여, 다른 사람들과의 차이를 인정하고 포용하는 이해로부터 완성된다.

따라서 자신의 내면 특히 자신의 과거와 소통할 수 있는 사람만이 다른 사람들과 소통할 수 있을 것이다. 과거 자신의 신입사원 시절을 기억하지 못하는 사장이 신입사원들과 소통할 수 없는 것은 당연한 것 아닌가. 나의 좌절과 나의 꿈을 기억하고 있어야만 다른 사람들의 꿈에 대해, 그 좌절에 대해 공감하고 소통할 수 있을 것이다.

자신의 과거를 기억하는 사람만이 현재에 행복할 수 있다

크리스마스를 함께 보내기 위해서 조카의 집으로 향하는 스크루지는 자기가 가지고 있는 옷 중에 '가장 좋은 옷'을 차려입고 거리로 나선다. 세상과 소통하는 사람만이 자신의 아름다움을 밖으로 끄집어낸다. 그의 얼굴에 생기가 돌고 삶에 활력이 스민다.

때로는 일부 사람들이 그의 선행을 비웃기도 했으나, 스크루지는 그들이 비웃건 말건 크게 개의치 않았다. 선행은 세상 몇몇 사람들의 비웃음을 동반한다는 사실을 알 만큼 스크루지는 현명해져 있었다.

스스로를 들여다보고 자기 자신과 대면해본 사람만이 확고한 가치관을 세울 수 있고, 타인의 시선이나 기준에 흔들리지 않을 수 있다. 즉, 자기 자신 안에 중심이 잘 잡혀 있어야 외부의 자극에 쉽게 좌절하거나 흔들리지 않는다. 따라서 스스로에 대한 이해에서 출발하는 공감, 자신과의 소통은 자신의 인생을 위한 단단한 철학을 만든다는 의미에서도 중요하다.

공감이란 타인을 위해서 하는 것이 아니다. 공감을 다른 사람들을 위한, 즉 이타적인 것이라고 생각하는 것 자체가 우리 스스로를 외롭게 한다. 공감은 바로 나 자신을 위해서 하는 것이다. 나와 타인, 나와 세상과의 다리이며, 그들과 함께 행복할 수 있는 내 안의 기반을 만드는 일이다. 생각의 깊이가 없고 고민을 할 줄 모르는 사람에게는 감정만 있을 뿐이지, 공감을 할 능력은 없다. 자신만의 고민과 철학이 있어야 한다. 그래야 이해를 기반으로 하는 공감을 할 수 있고, 우리가 사는 세상과 소통할 수 있다.

자신의 과거를 기억하는 사람만이
현재에 행복할 수 있다.
어디에서 멈추어야 할지,
어디로 돌아가야 할지를 알기 때문이다.

차별에 갇힌 사람들

알 베 르 카 뮈, 『페 스 트』

오랑이라는 작은 마을에 전염병이 돌았다.

처음엔 쥐들이, 나중엔 사람들이 죽어 나갔다. 원인 모를 전염병으로 마을은 격리됐고, 사람들은 마을을 떠날 수 없었다. 죽음의 순서는 규칙도 질서도 없이 다가왔다.

왜 하필 나인가! 어째서 우리 마을인가! 억울함을 호소해도 벗어날 길이 없다. 공통된 운명. 그러나 그 운명에 맞서는 인간의 모습은 제각각이다. 고통과 공포를 잊기 위해 종교에 의지하는 사람, 향락에 빠지는 사람, 묵묵히 환자를 치료하는 사람, 무슨 수를 써서라도 마을을 빠져나가려는 사람, 혼란을 이용해 한몫 챙기려는 사람.

카뮈는 『페스트』[5]를 통해 비극적 현실과 거대한 체제에 맞서는 다양한 인간 군상을 그려낸다. 그의 작품에는 권선징악의 인물 대립이나 영웅적인 행보를 보이는 주인공이 없다. 아름다운 희망이나 미래를 말하지도 않는다. 페스트에 의해 죽음을 맞거나 페스트 앞에 무기력해지는 인간을 발견할 뿐이다. 결국 페스트는 자연의 섭리로 소멸했을 뿐이며, 인간을 구원하는 인간이나 신의 은총은 등장하지 않는다. "이 전염병과 싸웠노라 그리고 이겼노라"라고도 말하지 않는다. 현란한 말로 우리를 현혹하지 않으며 그의 작품 안에서는 어떤 캐릭터도 변명을 하지 않는다.

그래서 카뮈는 나에게 신뢰를 준다

이 애정 과다 시대의 요즘 작가들은 지나치게 친절하여 하나하나 설명하고 독자를 위해 많은 배려를 한다. 그러나 그런 과잉 친절이 오히려 독자가 책에 교감할 수 있는 여지를 없애버리고 책과 대화하기 힘들게 만드는 이유가 되기도 한다. 그에 반해 카뮈는 유난을 떨거나 감정적으로 반응하지 않는다. 이 책은 페스트라는 전염병이 퍼진 극한의 상황을 그저 침착하고 냉정하게 객관적으로 담담히 써내려간 소설로, 등장인물 중 한 명이 '서술자' 시점으로 객관적인 기록을 남기는 형식을 취하고 있다.

서술자는 그래도 이 보건대를 실제 이상으로 중요시할 생각은 없다. 반면에 우리 시민의 대부분이 오늘날 서술자의 입장이 된다면 그 역할을 과장하고 싶은 유혹에 넘어갈 위험이 있다는 것은 사실이다.

그러나 서술자는 차라리 훌륭한 행동에다 너무나 지나친 중요성을 부여하다 보면 결국에 가서는 악의 힘에 대해 간접적이며 강렬한 찬사를 바치게 되는 것이라고 믿는 편이다.

왜냐하면, 그런 훌륭한 행동이 그렇게도 대단한 가치를 지니는 것은 그 행위들이 아주 드문 것이고, 인간 행위에 있어서 악의와 무관심이 훨씬 더 빈번하게 원동력이 되기 때문이라는 말밖에는 되지 않을 테니까 말이다. (…) 세계의 악은 거의가 무지에서 오는 것이며, 또 선의도 총명한 지혜 없이는 악의와 마찬가지로 많은 피해를 입히는 수가 있는 법이다.

『페스트』에는 크게 다섯 부류의 인간이 등장한다

• 전염병을 신이 내린 형벌이라 생각하고, 끝까지 신의 뜻에 모든 것을 맡기는 파눌루 신부.

• "나는 원래 이 곳 사람이 아니니 벗어나게 해달라!"라며 페스트에서 빠져나가려 애쓰는 랑베르 기자.

• 인간은 누구나 페스트에서 벗어날 수 없다고 생각하면서도, 보건대를 꾸려서 최선을 다해 투쟁한 소시민의 전형 타루.

• 전염병과 싸우려는 인간의 의지를 가지고 의사로서 자신의 직무에 충실했던 리유.

• 전염병을 이용해서라도, 자신의 고립과 고독에서 벗어나 사람들 사이에서 행복을 찾으려는 사기꾼 코타르.

사람들은 저마다 페스트로 인한 차별에서 벗어나기 위해, 나아가 페스트로부터 살아남기 위해 각자 나름의 대응 방식을 취한다. 그중에서도 혼란을 역이용한 사기꾼이자 도망자, 코타르라는 인물이 특히 나의 시선을 끌었다.

작은 놈은 항상 큰 놈에게 잡아먹히게 마련이다

코타르는 페스트라는 불행 속에서 유일하게 행복을 느끼는 인물이며 소설 속에서 범죄자, 현대로 해석하면 사기꾼이다. 그는 기존의 사회에서 자리를 잡지 못하고, 새로운 세상이 개편될 때 기회를 잡으려고 발버둥치는 인물이다. 모두가 약자인 세상에서 암거래를 해가며 삶의 활기를 찾지만, 페스트가 물러가면서 자신의 무대가 사라질 위기에 처하자 세상에 총질까지 해가며 격렬히 저항한다.

이 인물에 대해 자세히 봐야 할 점이 있다면 바로 페스트로 인해 도시가 폐쇄되기 전에는 아주 불행한 인물이었다는 점이다. 외로움과 고독, 그리고 절망을 먼저 겪은 인물로 페스트가 퍼지기 전에 그는 감옥에 갇힐 운명이었고, 모두가 행복해 보이는 세상에서 혼자 불행하다고 절망하며 자살을 시도하기도 했다. 하지만 페스트로 인해 추적이 정지되면서 자유로워진 그는 "혼자서 죄수가 되느니 모든 사람과 갇힌 지금이 더 낫다"라며 삶의 생기를 되찾는다.

혼자만 불행한 세상에 살아야 했던 코타르에게는 모두에게 닥친 위기인 페스트가 차라리 희망이고 새로운 기회였다. 이 전염병으로 고립된 세상 안에서 그는 더 이상 숨지 않아도 되며 사람들을 두려워하지 않아도 되는 것이다. 그는 예전보다 더 편안하게 주변 사람들을 만나고, 심지어 보건대 활동도 열심히 한다. 마을 사람들이 외출 시간에 차별을 느껴 불평하는 사이, 그는 페스트가 몰고 온 혼란에 재빨리 적응하고, 암거래를 이용해 크게 한몫 챙기기도 한다. 혼자 겪어왔던 외로움과 고독, 절망 속에서 생겨난 어둡고 끈질긴 생명력이 모두가 힘들어할 때 오히려 그의 강점이 된 것이다.

아직 아무도 그 질병을 현실적으로 받아들인 사람은 없었다. 대부분은 자기들의 습관을 방해하거나 자기들의 이해관계에 영향을 끼치는 것에 대해서 특히 민감했다. 그래서 그들은 애도 태우고 화도 내고 했지만, 그런 것이 결코 페스트와 맞설 수 있는 감정은 되지 못했다.

마을 사람들이 페스트를 맞닥뜨렸을 때, 가장 먼저 보인 반응은 행정당국에 대한 비난이었다. 생활의 불편함이 크니 도시 폐쇄 등의 조치를 완화해달라는 것이었다. 발생 3주 만에 302명의 사망자가 발생했다는 보도는 실제로는 사람들에게 어떤 상상력도 불러일으키지 못했다. 인구 20만이 모여 사는 도시에서 그 숫자가 정상적인 것인지 아닌지 사람들은 판단하지 못했다. '비교 기준치'란 상대적으로 얼마나 위태로운 숫자인지를 예를 들어 설명해주어야만 비로소 자각할 수 있는 것이다.

차별은 이 사회의 또 다른 이름이다

사람들은 비교에 민감하며 특히 차별에 예민하게 반응한다. 페스트가 심해지면서 같은 지역 안에서도 피해가 심한 구역을 격리하고, 사람들은 불가피한 경우를 제외하고는 '자가 격리' 격인 외출 금지에 처해졌다. 그러자 불평이 터져나오기 시작한다. 이제 사람들은 일상의 크고 작은 차별을 오히려 근본적인 전염병인 페스트보다도 더 심각하게 받아들인다. 그들의 관심사는 페스트가 아니라 자신이 남들보다 조금이라도 더 차별을 당하고 있는지 여부가 되어버린다.

같은 시내에서도 특히 피해가 심한 구역을 격리하고 직무상 불가피하다고 생각되는 사람 이외에는 외출을 금하는 조치가 내려졌다. 그때까지 그 지역에 살던 사람들로서는 그러한 조치가 유난스럽게 자기네들에게만 불리하게 취해진 일종의 약자 학대라고 생각하지 않을 수 없었다. 그래서 모든 경우에 있어서 그들은 자신들과 비교해 보면서 다른 지역의 주민들을 마치 무슨 자유민처럼 생각하고 있었다. 반면에 다른 지역 주민들은 곤란한 순간에 부닥쳐도, 다른 사람들은 그래도 자기네들보다 덜 자유롭다는 것을 상상하고는 어떤 위안을 얻는 것이었다. '항상 나보다 더 부자유한 사람이 있다'는 것은 그 무렵에 품을 수 있는 유일한 희망을 요약하는 표현이었다.

만약 전염병이 돌지 않았다면 모든 거리는 밤새 불을 밝히며 흥청거렸을 것이다. 전염병이 오기 전 세상은 누구나 자유롭게 외출하는 세상이었다. 그러나 지금 마을 사람들은 누구도 더 넓은 바깥세상과 비교하지 않는다. 과거나 미래와도 비교하지 않는다. 단지 지금 당장 내 눈에 보이는 옆 사람과 오늘만을 비교하며 불평할 뿐이다. 전염병이 끝나고 마을이 개방되면 사람들은 또다시 바깥세상의 기준으로 또 다른 차별을 찾아내 불평할 것이다. 인간이란 하나의 페스트가 사라져도 또 다른 페스트를 찾아내고, 자기 기준의 차별에서 평생 헤어나지 못하는 존재인 것이다.

인간이란,

하나의 차별이 사라져도

또 다른 차별을 찾아내고

자기 기준의 차별에서

평생 헤어나지 못하는

존재인 것이다.

어느 시대에나 페스트는 존재한다

카뮈는 애초에 『페스트』의 제목을 '감옥살이' 혹은 '갇힌 사람들'로 하려 했다고 한다. 페스트는 시대마다 사회마다, 그 이름과 범위를 달리해가며 우리를 구속하고 있다는 것이다. 그렇다면 현재 우리는 어떤 이름의 전염병에 시달리며 이 사회 안에서 스스로 격리되어 있는 걸까.

이 시대의 전염병은 '돈'일 것이다. 차별의 기준도 돈이다.

돈벌이에 얽매이면서 '외출 금지'와도 같은 제약에 갇혀 살고 있다. 십대에게 페스트는 대학 입시이고, 이십대에겐 취업이고, 삼십대에겐 재테크이고, 사십대에겐 자녀들의 교육일 것이다. 그리고 그 모든 페스트에는 돈이라는 공통분모가 있다. 한마디로 이 사회의 삶 자체가 '돈에 의한 페스트들'로 뒤덮인 끝이 보이지 않는 감옥살이인 것이다.

돈으로 돈을 버는 자본의 시대, 그야말로 빈익빈 부익부의 양극화가 본격화되면서 개천에서 절대 용 못 나는 시대가 되었다. 게다가 이제는 경제 성장이 둔화되면서 한쪽으로 몰아주려는 자본의 속성이 더 극심해질 테니, 무더위에 창궐한 전염병처럼 빈부 격차는 더욱 극심해질 것이다.

결국 인간은 어느 누구도 자신이 속한 사회와 시대의 페스트로부터 자유로울 수는 없다. 저 혼자 아무리 벗어나려 해도 페스트는 시대마다 끊임없이 변화하며 인간의 삶과 역사를 장악한다.

랑베르가 "저는 이 고장 사람이 아닌데요"라고 말하자 리유가 말했다. "지금부터 당신은 이 고장 사람입니다. 다른 모든 사람들처럼 말입니다."

시대에 따라 페스트의 이름이 바뀌고 그에 따른 차별의 기준도 바뀐다. 어느 시대의 페스트는 전쟁이었고, 어느 시대는 빈곤과 가난이었으며, 지금은 경제 불황일 것이다. 그뿐인가. 학벌, 계급과 신분, 혹은 외모가 기준이 될 수도 있다. 그리고 미래의 어느 시대에는 또 다른 어떤 기준에 의해 차별을 당하며 살 것이다. 그리고 그 기준을 매번 맞추며 사느라 우리의 삶은 지치고 황폐해질 것이다.

페스트로 인한 죽음이 곧 자신에게 닥칠지 모르는 상황에서도 사람들은 그저 자신의 눈앞에 놓인 외출 금지라는 차별에 집착하고 불평할 뿐이다. 그러나 누구나 알다시피 우리는 본질을 보아야 한다. 비록 그 본질적인 문제를 바꿀 수 없다 하더라도 말이다.

랑베르가 말했다.

"저는 이 고장 사람이 아닌데요."

그러자 리유가 말했다.

"지금부터 당신은 이 고장 사람입니다.

다른 모든 사람들처럼 말입니다."

우리가 할 수 있는 단 한 가지 선택이 있다면 삶의 태도를 정하는 것뿐이다. 이 시대의 페스트와 차별을 극복할 것이냐, 아니면 각종 차별에 대해 불평하며 계속 피해의식 속에서 살아갈 것이냐의 선택이 삶의 모든 것을 좌우하게 된다.

타루의 말대로 "페스트 환자가 된다는 것은 피곤한 일이지만 페스트 환자가 되지 않으려고 하는 일은 더욱더 피곤한 일"이기도 하다.

이 선택의 문제에 직면했을 때 나는 내가 페스트 환자임을 인정하고 싸우기로 결심했다. 피할 수 없는 차별이라면, 그 속에서 내가 가장 빛날 수 있는 역할, 숨 쉬며 살아갈 존재의 이유를 찾자고 생각했다. 차별에 억울해하고 불평할 시간에 내가 할 수 있는 역할을 찾아 존재의 가치를 증명하는 편이 낫기 때문이다. 그 시점에서 행위에 대한 가치판단은 중요하지 않다. 나에게 닥친 페스트가 사라질 때까지 내가 할 수 있는 역할에 최선을 다해 살아남는 것만이 중요한 것이다. 그래서 '코타르'라는 인물이 유독 내 시선을 잡았던 것 같다.

의사로서 사람들을 치료한 리유조차도 페스트를 이기겠다는 신념보다는 자신이 맡은 사회적 역할, 직무에 최선을 다했을 뿐이다. 가장 선의를 가지고 움직인 타루 역시 검사였던 아버지에게 느꼈던

역한 감정을 극복하기 위해 어찌 보면 자신의 과거와 싸웠던 인물이다. 그들 역시 딱히 페스트를 이기겠다는, 즉 이 사회를 바꾸어보겠다는 사명감에 불타서 활약한 것이 아니라 자신이 맡은 역할, 할 수 있는 사회적 직무에 충실하다 보니 페스트는 끝이 났을 뿐이다.

반드시 살아남아 다음 세상을 준비하라

페스트는 사람들의 노력에 의해서라기보다 자연의 섭리에 의해 물러난 것이다. 페스트와 싸워 이긴 승리자가 있는 게 아니라 단지 생존자만이 있을 뿐이다. 사망자의 수에 무감각해지지 않고 죽음의 과정을 직면한 사람, 묵묵하게 자신의 역할을 버텨낸 사람, 우울과 절망 속에서도 끈질긴 생명력을 키운 사람만이 살아남아 다음 세상을 열어간다.

그런 계산은 무의미합니다, 선생님. 다 아시는 일 아닙니까. 백 년 전에 페르시아의 어느 도시에서 페스트가 유행해 시민을 죽였지만, 시체를 목욕시키는 사람만은 살아남았답니다. 매일같이 자기 일을 멈추지 않고 해왔는데도요.

모든 시대에는 페스트가 존재했고, 여전히 존재한다. 그때마다 우리는 오랑 마을의 주민들과 비슷한 반응을 보였고, 보이게 될 것이다. 처음에는 현실을 부정하고, 차별에 분노하고, 자신의 이익을 위해 방어하거나 탈출을 시도할 것이다. 그리고 그 다음에는 각자의 방식으로 현실과 싸우거나 혹은 아예 포기한 채 결국은 담담해질 것이다. 지금 우리의 경제 불황이라는 페스트는 어느 단계일까. 현실 부정을 지나고 분노의 단계를 넘어간 것은 확실하다. 이제는 위로도, 비전 제시도, 희망이나 기대도 없이 그저 관성에 의해 버티고 돌아가고 있는 듯하다.

강의실에 들어서면 경제 불황이라는 감옥에 갇혀 통곡의 벽을 마주하고 있는 청춘들이 있다. 도저히 이길 수 없는 거대한 페스트에 눌려 시체처럼 무기력하게 보일 때도 있다. 나는 당신들이 현재 우리가 당면한 이 페스트를 물리치고, 새로운 세상을 열어갈 수 있을 거라는 식의 헛된 희망을 말하고 싶지 않다. 지금의 이 "경제 불황과 실업난"이라는 페스트는 세계적인 현상이고, 근본적으로 국가 경쟁력의 약화에서 온 것이며, 여러 세대에 걸쳐 쌓아온 사회 병폐들의 결정체이다. 단지 지금 우리의 노력만으로 쉽게 변화시킬 수는 없을 것이다.

누구나 자신이 마주한 페스트에 대해 그러하겠지만, 지금 이 사회의 페스트는 너무나 만연하여 쉽게 사라질 것 같지 않다. 그러나 나는 지금이 페스트가 물러가기 직전의 시기라고 기대한다. 사망자의 수가 기하급수적으로 늘어나던 그때, 누구도 갑자기 페스트가 물러날 것을 예상하지 못했다. 그들은 그저 묵묵히 자신이 맡은 역할을 하며 성실하게 버텨냈을 뿐이었지만, 결국 페스트는 사라지고 마을의 문은 다시 열렸다.

페스트를 물리치는 것은 우리의 의지만으로는 불가능하지만 페스트가 물러갈 그때를 준비해야만 한다. 변화의 의지를 가지고, 현재의 모습에서 작은 역할이라도 반드시 찾아 꿋꿋이 살아남아야 한다. 지치고 힘든 일이지만 그럴수록 현실에 깨어 있어야 한다. 현실을 피해 숨어들지 말고 두 발로 마주 서서, 자신의 눈으로 세상을 관찰하고, 자신의 언어로 기록해가며, 자신의 방식대로 페스트와 맞서야 한다. 어떤 모습으로든 이 페스트에 맞서 살아남은 우리가 바로 역사이며, 다음 세대를 열어간다는 것을 믿고 나가야 한다.

우리가 숨 쉬고 존재하는 것 자체가 의미이고,
우리의 메마른 일상들이 기록의 가치가 있음을
스스로 인정해주는 순간, 인간은 존엄한 존재가 된다.

오랑을 생각하라.

페스트에 둘러싸인 오랑에서는

누구도 승자가 아니었고, 누구도 성공하지 못했으며

비교 기준이라고는 고작 외출 금지가 전부이고,

인간의 삶은 하향 평준화되었다.

실패와 성공의 기준은 오로지 페스트가 사라지는 그날까지

살아남느냐는 것뿐이었다.

페스트는 한 사람의 노력이 아닌 우리 모두의

변화에 대한 의지와 시대적 변수와 역사의 흐름이라는

복합적인 요인으로 사라지는 것이다.

물론 이 경제 위기라는 페스트가 물러가면

또 다른 페스트가 시작될 것이다.

그것이 인생이고 인간 사회의 구조적 특성이며, 역사의 반복이다.

그때마다 우리는 힘들 것이고,

개개인은 딱히 잘못한 것도 없이 시달릴 것이다.

결국은 어떤 페스트가 반복되더라도 이겨낼 수 있는

자신만의 가치관과 삶의 의미를 찾는 것이

지금 우리에게 요구되는 것이고

우리가 버틸 수 있는 유일한 처방책이다.

공포를 몰고 오는 페스트 안에서도, 봄은 온다.

그때까지, 반드시 살아남으라. 청춘.

시지프 신화

시지프는 영원히 산 아래로 떨어지는 바위를 산꼭대기에 올려놓는 벌을 받는다. 올려놓으면 또 굴러 떨어질 것을 알면서도 시지프는 또 내려가서 바위를 끌어올린다.

이 신화가 비극적인 것은 주인공이 '희망이 없다'라는 사실을 알고 있기 때문이다. 만약 한 걸음 한 걸음 옮길 때마다 성공의 희망이 떠받쳐준다면, 그는 현실의 고통을 외면할 수는 있었을 것이다. 그러나 그는 이 고통이 끝나지 않을 것임을 직시하고 깨어 있다.
신은 인간에게 '희망이 없는 노동'을 운명으로 주는 것이 삶의 고통일 것이라고 의도하지만, 시지프는 신의 의도를 무시하고 자신의 운명을 신이 개입할 수 없는 유일한 우주로 만든다.[6]

시지프의 바위가 비극이라면, 똑같은 매일을 쳇바퀴 돌 듯 살아내야
하는 우리의 운명도 비극인 것인가?
그는 신들의 형벌이나 장난질에 울고 웃어야 하는 비참함을 거부한
다. 노동보다 끔찍한 형벌이 없다고 생각한 신들의 의도를 비웃는다.
결국은 아무것도 성취할 수 없는 반복적인 삶의 굴레.

그러나 그것은 희망에서 해방된 자에게는 형벌이 될 수 없다. 그는 더
이상 희망을 볼모로 신에게 협박당하거나 구걸할 필요가 없는 자유
의 몸이 된다. 그는 자신의 우주에서 유일한 신이 된다.

나에게는
나의 별이 전부이다

생택쥐페리, 『어린 왕자』

생택쥐페리에게는 전설적인 사랑이 있다. 그의 아내 콘수엘로는 사교계의 꽃으로 알려진 여인이다. 그런 아내를 버려두고 남편은 일로 혹은 다른 여자에게로 떠났다 돌아오고 또 떠나기를 반복했다. "콘수엘로, 내 아내가 되어줘서 고마워. 나는 돌아갈 사람이 있고 영원히 기다릴 사람이 있는 거잖아." 생택쥐페리가 아내에게 보낸 편지의 내용이다. 그가 '어린 왕자'를 쓸 때 아내는 남편을 내조했고, 남편은 그런 아내에게 당신은 이제 가시가 있는 장미가 아니라 어린 왕자를 기다리는 공주님이라며 사랑을 맹세했다.

— 『생택쥐페리의 전설적인 사랑』[7] 중에서

군이 이 자료를 찾아낸 나의 심리는 무엇이었을까? 나는 생텍쥐
페리가 쓴 『어린 왕자』[8]를 읽으면서 이 책이 완벽하게 '어른 왕자'
이야기라고 생각했다. 특히 책에 나오는 '장미'는 여자라는 느낌을
지울 수 없었다. 왜냐하면 정작 어린아이라면 자신이 돌아갈 단 하
나의 소박한 별과 장미에 대해 그렇게 일관성 있게 집착하지는 않
았으리라 생각했기 때문이다. 사실 인생의 긴 여정 끝에 몸도 마음
도 지쳐갈 때 떠오르는 것이 "돈도 성공도 다 의미가 없다. 결국은
사랑이다" 아니겠는가. 그래서인지 몰라도 어린 시절 읽은 『어린
왕자』는 애매한 책이었다. 동화도 아니고 철학책도 아닌 그냥 짧은
책이었다.

뭔가 있어 보이고 싶어서 생각의 화두를 던지는 것 같기는 한데
무엇을 느끼라는 것인지 정확히 알 수가 없었다. 그저 별 위에 앉아
있는 임금님 그림이 인상적이었고, 아무도 듣지 않는데 명령만 해
대는 임금이 우리 아빠 같다는 생각을 했던 것 같다. 어린 왕자가
회계사에게 별을 왜 세느냐고 물었을 때 회계사의 대답은 황당했
고 나도 어린 왕자처럼 고개를 갸우뚱하는 정도에서 책장을 넘긴
것이 전부였다.

가슴에 보아뱀을 품고 사는 이유는 당신이 어른이기 때문이다

내 그림 1호는 이런 것이었다. 나는 내 걸작품을 어른들에게 보여주면서 내 그림이 무섭지 않느냐고 물었다.

어른들은 "아니, 모자가 뭐가 무섭다는 거니?"라고 대답했다. 나는 모자를 그린 것이 아니었다. 어른들은 언제나 설명을 해 주어야 한다. 내 그림 2호는 이것이다.

어른들은 나에게, 속이 보였다 안 보였다 하는 보아뱀 그림은 집어치우고 지리나 역사, 산수 그리고 문법에 관심을 가져 보라고 충고했다. 이렇게 해서 나는 여섯 살에 '화가'라는 멋진 직업을 포기해버렸다. 내 그림 1호와 2호가 성공하지 못해 실망했기 때문이었다. 어른들은 혼자서는 아무것도 이해하지 못한다.

어쩔 수 없이 다른 직업을 선택해야 했던 나는 비행기 조종사가 되었다. 그 후 나는 이 세상 이곳저곳을 거의 안 가본 데 없이 날아다녔다. 어쩌다 조금 총명해 보이는 사람을 만날 때면 나는 늘 가지고 다니던 내 그림 1호를 꺼내 그 사람에게 보여주었다. 그러나 그 사람 역시 "이건 모자야."라고 한결같은 대답을 하는 것이었다. 그러면 나는 보아뱀 이야기도, 원시림이나 별들에 관한 이야기도 하지 않은 채 카드놀이나 골프 혹은 정치나 넥타이 이야기를 했다. 그러면 그 사람은 "오늘 괜찮은 사람 하나 알게 되었다."라며 매우 흡족해했다.

이 책의 시선은 어른이 스스로에게 하는 질문 같기도 하고 독백 같기도 하다는 생각이 들었다. 아마 처음부터 화자가 자신이 잃어버린 보아뱀 그림에 대한 미련과 그것을 가슴속에 묻어둔 채 어른이 되는 과정의 외로움부터 설명했기 때문일 수도 있다.

나 또한 잃어버린 언어가 있기에 그 설명에 공감한다. 사실 누구나 자신만의 보아뱀 그림을 하나씩 가슴에 품고 살아간다. 설명해도 사람들에게 이해받지 못하는, 그래서 세상에 내놓지 못한 나의 그림과 언어, 각자의 어린 왕자 이야기가 있다.

그런데 최근에 다시 읽은 생텍쥐페리의 『어린 왕자』는 내 속을 긁어놓았다. 어린 왕자는 결국 자기 별로 돌아간다. 아마도 인생의 행복이란 자신에게 의미 있는 존재를 발견하고 그들과 함께 시간을 보내며 사는 것이다, 뭐 이런 얘기를 하고 싶은 것 같다. 본질을 잃어버린 어른들의 물질적 욕망보다는 작고 평범한 존재라도 서로를 길들이고 정성을 다하는 게 더 고귀하다는 말을 하고 싶은 듯도 하다.

나 역시 비슷한 생각을 한 적이 있다. 나만의 의미 있는 대상을 찾아야 한다고 생각했고, 나만의 장미를 찾아야 진정한 행복을 가질 수 있다고 생각했다. 그런데 나이가 들수록 다시 생각하게 된다. 사업가가 세고 있는 별은 어린 왕자의 꽃과 무엇이 다르다는 건가?

**어째서, 어린 왕자가 꽃을 돌보는 것은 중대하고
사업가가 별을 세는 행위는 어른의 어리석음이기만 한가?**

어린 왕자는 별을 세고 있는 사업가에게 묻는다. "그 별을 가지고 뭘 하는 건데요?" 사업가는 대답한다. "뭘 하긴 소유하는 거지."

어린 왕자가 다시 묻는다. "그 별들을 가지고 어떻게 하려는 거죠?" 사업가는 말한다. "그것을 관리하지. 세어 보고 또 계산하고, 그건 어려운 일이야. 하지만 난 성실한 사람이지." 어린 왕자는 목도리처럼 목에 두르고 다니지도 못하고 꽃처럼 곁에 둘 수도 없는 별에 집착하는 사업가를 이해하지 못한다. 그래서 다시 묻는다.

"내 별에는 꽃이 한 송이 있는데, 매일 물을 주죠. 그리고 화산도 세 개나 가지고 있어서 일주일에 한 번씩 청소를 해줘요. (…) 내가 내 꽃과 화산들을 소유함으로써 그것들에게 유익함을 주죠. 근데 아저씨는 별들에게 별로 도움이 되질 않는 것 같네요."

어린 왕자의 해맑은 일침에 대부분의 사람들은 얼굴을 붉히며 무릇 반성이라는 것을 하는지도 모르겠다. 하지만 어른인 나는 반성하기를 의도적으로 유도하는 듯한 이 대화에 반감이 생긴다. 오히려 어린 왕자가 "별을 세는 게 왜 중요해요?"라고 묻는 순간, 사업가에게 가장 중요했던 인생의 별이 갑자기 무의미한 것으로 추락하는 취급을 당해 영 못마땅했다. 그 사업가는 숫자를 세는 것이 자신에게 중요한 일이라고 하지 않는가. 범죄가 아닌 이상 누구든 자신이 옳다고 믿고, 중요하다고 생각하는 일을 열심히 하는 것에 대해 다른 사람이 함부로 평가할 수는 없는 것이다. 그들이 좀 더 순수하거나 고상하다고 해서 무조건 그들의 평가에 맞추어 살아야 할 이유는 없다. 사업가는 누구에게도 해가 되지 않는 일을 성실히 해나가며 자신에게 맞는 삶의 의미를 지켜가고 있을 뿐이다.

어린 왕자의 질문에 제대로 대답하지 못한 순간, 사업가가 54년 간 성실하게 별을 세었다는 사실은 한순간에 바보짓이 되어버렸 다. 어린 왕자가 하나의 꽃을 돌보는 것과 똑같이 그에게는 그것이 의미 있는 일이다. 행위의 측면에서 보면, 꽃에게 매일 물을 주며 벌레를 막아주는 어린 왕자의 일이나, 새로 발견한 수많은 별들을 하루도 빠짐없이 헤아리는 사업가의 일이나 모두 성실하고 소중한 작업이다. 각자가 맡은 역할을 매일 꾸준하게 해낸다는 점에서 똑 같이 존중받을 만한 중대한 일인 것이다.

나에게는 나의 별이 전부이다

내가 이렇게까지 반발하는 이유는 어린 왕자의 시선만이 고귀하 다는 식의 평가에 피해의식이 있기 때문이다. 솔직히 우리는 어른 이 되어갈수록 가슴 한 구석에 열심히 사는 것에 대한 자부심이나 만족보다, 죄책감을 안고 사는 경우가 더 많지 않은가. 행복하기 위해서 누구보다 열심히 노력하면서도 문득문득 나의 삶은 어린 왕자가 보기에 괜찮은 삶일까, 인생에서 가장 중요한 것을 놓치고 사는 건 아닐까, 불안해한다. 끊임없이 자신을 검열하면서 스스로를 불행한 존재로 만들기도 한다.

어린 왕자가 여행한 별 중에 가장 작은 별, 그 별에는 가로등을 껐다 켜는 일을 하는 아저씨가 살고 있다. 아저씨의 별은 너무 작아서 1분에 한 번씩 밤이 온다. 그래서 아저씨는 잠시도 쉴 수가 없다. 그런 아저씨를 보고 어린 왕자는 조언한다. "아저씨의 별은 작으니까 세 발짝만 움직이면 한 바퀴 돌 수가 있잖아요, 그러니까 언제든지 해를 볼 수 있게 천천히 걷기만 하면 돼요, 그럼 하루해가 아저씨가 원하는 만큼 길어지는 거예요."

그러자 아저씨는 대답한다. "그건 내게 별로 도움이 안 돼. 내가 정말 하고 싶은 것은 잠을 자는 것이니까." 아저씨에게 필요한 것은 잠시의 여유나 쉼이 아니라 생존을 위한 잠이다. 그러나 가로등의 불을 밝히고 끄는 것이 자신에게 주어진 사명이고 책임이라 여기기 때문에 잠들지 않는 것이다.

아저씨가 그 별을 선택한 것도 아니고, 별을 빨리 돌게 만든 것도 아니지만, 그는 누구도 원망하지 않고 맡은 역할에 최선을 다한다. 여러 별들을 돌아다니며 무엇이 행복이고, 누가 내 삶의 소중한 존재인지 고민할 수 있는 어린 왕자와는 달리, 가로등 아저씨는 자신의 별을 한 번도 떠날 수 없는 팔자인 것이다.

세상 사람 대부분은 가로등 아저씨와 같은 삶을 산다. 어린 왕자처럼 다양한 별을 여행할 수 있는 인생은 그리 많지 않다. 아니, 단한 번의 기회조차 없는 사람들도 많다. 자신의 별을 직접 고를 수없고, 처음 태어난 별에서 단 한 발짝도 못 벗어나고, 그저 처음 주어진 역할밖에 할 수 없는 사람이 대부분이다. 막상 우리 주위를 돌아보면 인생의 의미와 가치를 고민할 여유도 없이 등 떠밀려가는 인생이 참으로 많다. 이들에게 어린 왕자의 질문과 답이 적절했을까. 한 끼 식사를 위해 절실하게 일하는 사람에게, 웰빙을 위해 풀을 뜯어 먹으면 된다고 답하는 것이나 마찬가지다.

나 역시 내가 태어난 별 외에는 다른 별에 가보지 못했다. 그래서 나는 지금 내가 하고 있는 일이 가장 중요하다고 생각하며 살아가고 있다. 가로등 아저씨, 별을 세는 사업가처럼 내게 주어진 별에서

행복하기 위해서 누구보다 열심히 노력하면서도
문득문득 어린 왕자가 보기에 괜찮은 삶일까,
끊임없이 자신을 검열하면서
스스로를 불행한 존재로 만들고 있는 것은 아닐까.

최선을 다해 나의 역할에 충실하려 한다.

그런 나에게 가끔씩 어린 왕자 같은 순진한 얼굴로 "잠시 걸으면서 좀 쉬어보지 그래요"라는 한가한 조언을 하는 사람들이 있다. "인생에서 중요한 건, 별을 세는 것이 아니에요. 인생에는 나만의 꽃이 필요해요"라고 자신이 어린 왕자인 양 충고하는 사람도 더러 있다. 그때마다 차마 말하진 못했지만 속으로 외쳤다.

"그럼 너는 네 별에 가서 네 꽃 하고 둘이서 그렇게 살아. 나는 오늘도 나의 별에서, 별 세는 일의 의미를 찾고, 가로등 불에 책임을 다하며 나의 역할을 하고 있으니까!"

어린 왕자는 결국 자기 별로 돌아갔다,
그것도 죽어서

이 책을 읽는 내내 불편했다. 어린 왕자의 아이다운 천진한 질문 때문이 아니라 어른들의 대답에 화가 났다. 그들의 대답에서 중년 아저씨의 후회가 들려서이다. 인생의 긴 여정 끝에 일과 사회생활에 황폐해져서 돌아온 늙은 아저씨가 "자신이 살면서 매달려왔던 일들은 모두 아무 의미가 없었으며, 진정한 인생의 의미는 사랑뿐이었다"라고 회고하는 식의 입장을 강요하는 느낌이었다.

인생의 의미를 되새겨보는 것은 좋지만 그렇게 자신이 몸 바쳤던 직장, 일, 사회 안에서 최선을 다했던 역할들을 모두 부정해야 했을까? 자신의 인생에서 중요했을 노력들을 모두 무의미하게 만들어버리고, 모든 것은 다 헛된 욕망이고 부질없었으며, 삶의 진정한 의미는 사랑뿐이었다는 것을 이렇게 구구절절이 늘어놓아야만 했는가 말이다. 그래서 나는 이 책에 반발했던 것 같다. 물론 누군가는 그러한 결론에 다다를 수 있다는 점은 존중하지만 '어린 왕자'의 순수함을 앞세워서 자신의 결론을 미화시킨다는 느낌에는 여전히 거부감이 든다. 이 책은 오히려 어린 왕자는 말할 수 없는 '어른에 의해 쓰인 어른들의 동화'이다. 물론 다 같이 지쳐 있는 삶에서 함께 인생의 진정한 의미를 찾아보자는 의도는 충분히 전달되었다.

『어린 왕자』가 반복되는 일상에 무감각해진 어른들에게 '인생 왜 사는지 생각 좀 하고, 이왕이면 반성도 해봐'라는 의도로 쓰인 책이라면 나에게도 제대로 먹히긴 했다. 나 역시 밤마다 어린 왕자와 대화하면서 내 삶의 의미를 고민하게 되니까. 물론 나는 반성보다는 주로 화를 내고 있지만. 어린 왕자에겐 털어놓지 못한 어른들의 속사정, 오늘도 나에겐 그것이 들리는 듯하다.

언젠가 후회하는 그날이 올까 두렵다.
어떤 선택을 하더라도 그 인생 끝에 후회는 있으리라.
그렇다고 아무것도 선택하지 않을 수는 없다.

미래의 어느 날,
내 인생의 진정한 의미가 어떤 모습으로 다가올지
이제는 더 이상 고민하지 않는다.
오늘의 나는 선택을 하였고,
미래의 나는 지금의 나를 비난할 수 없다.

장미와 별, 진정한 사랑, 행복, 혹은 일, 성공, 돈.
그 무엇이든 더 좋은 선택이란 없다.
단지 나의 선택만이 있을 뿐이다.

스스로의 선택을 존중하지 못하는 자가

가장 초라한 것이며,

자신의 과거를 부정하는 인생이

가장 비참한 것이다.

지금, 일에 미쳐 사는 내가,

미래의 어느 날 허무해지더라도,

적어도 인생의 의미가 '일'은 아니었다는 식의

비겁한 후회는 하지 않으리라.

그것이 오늘을 열심히 사는 나에게

스스로 해줄 수 있는 유일한 약속이다.

어린 왕자에게는 미안하지만

내가 선택하지 않은 인생의 길에 변명은 하지 않겠다.

나는 결국
할아버지를 존경한다

기 형 도 의   시

북한이 고향이신 어른들은 대부분 남한으로 내려와 바닷가 항구 근처에 터를 잡았다고 한다. 언제든지 고향으로 돌아갈 수 있도록. 할아버지의 고향이 북한인 우리 집도 인천이었다. 뭐 인천이라고 해도 바닷가의 기억은 거의 없고, 유독 한 장면이 어린 시절의 배경으로 남아 있다.

울퉁불퉁하고 꽤 넓은 언덕길 위에 허름한 파란 대문을 따라 들어가면, 커다란 개 한마리가 지루한 몸짓으로 마당 한 가운데 누워 멀뚱한 눈빛으로 나를 쳐다보곤 했다. 어린 나에게는 운동장만 하게 느껴졌던, 실제로는 한 두세 평밖에 되지 않았을 마당에서는 항상 시멘트 먼지가 났다. 메마른 먼지 냄새가 나던 큰집의 마루에서는 다리가 불편하신 할머니가 늘 우리를 향해 투박한 목소리와 알 수 없는 사투리로 소리쳤다.

그날은 아마도 내가 초등학교를 들어가기 전이었던 것 같다. 정월 초하루, 친척들이 모여 식사를 하고 있었다. 언제나 그랬듯 밥상은 세 개가 차려졌다. 안방에는 할아버지, 아빠, 삼촌들. 중간 마루에는 할머니, 엄마, 고모. 그리고 일직선으로 연결된 건넌방에는 나를 비롯한 손주들이 둘러앉아 밥을 먹었다. 그리고 몇 술 뜨자마자 역시나 저쪽 끝 안방에서는 밥상이 엎어졌다. 나에게는 지평선만큼이나 멀리 있는 듯 느껴졌던 안방에서 할아버지가 노발대발하시며 밥상을 엎었고, 할아버지를 제외한 모두는 고개를 떨군 채 죄인처럼 침묵하고 있었다. 이것이 조부모에 대한 내 유년 시절의 몇 안 되는 기억이다.

할아버지는 일제 강점기에 북에서 내려오셨다고 한다. 일제 강점기에 조선인으로 갖은 핍박을 받으며 죽을 고비도 여러 번 넘겼지만, 그런 와중에도 대학을 다니셨고, 한국전쟁 이후에는 인천 모고등학교의 선생님으로 정년 퇴임할 때까지 쉬지 않고 일을 하신 엄격하고 성실한 분이었다. 그래서였을까. 할아버지의 눈에는 자식들이 모두 열심히 살지 않는 것처럼 보이는 듯했다. 정월 초하루 그날도, 할아버지는 아빠와 삼촌들에게 "하는 일이라고는 아무것도 없는 식충이들! 고깃덩어리들이 밥만 먹는다!"라며 사나운 기세로 독설을 퍼부었다. 왜 온 가족이 모인 명절날, 그것도 밥을 먹다 말고 자식들에게 그런 폭언을 쏟아냈는지 그건 아직도 잘 모르겠다.

그날 이후 어린 나는 일주일간 거식증을 앓았다

"나는 한 일이 없으니까 밥을 먹으면 안 돼. 나는 고깃덩어리야."
그 기억은 생각보다 오랜 시간 나를 지배했다. 밥을 삼키지 못하는 상황은 잦아들었지만, 무엇 하나 내세울 것 없는 유년 시절을 보내고 지극히 평범한 대학에 진학하는 내내 나는 할아버지를 피했다. 밉거나 무서웠던 건 아니다. 할아버지가 어린 나에게 화를 내거나 딱히 실망한 기색을 보이신 적은 없었으니까.

나에게 할아버지는 한국 근대화의 모든 역사를 온몸으로 겪어낸 '살아남은 자의 전형'이었다. 할아버지는 사회적 불평등이나 구조의 모순 같은 주변 환경에 개의치 않았다. 그저 개인의 '노력'이라는 두 글자로 살아남았다. 그런 할아버지를 보면서 나는 막연하게 나마 그렇게 노력해야만 살아남을 수 있고, 살아남은 자만이 삶의 가치와 존엄을 말할 수 있다고 생각했던 것 같다. 그래서 그렇게 할아버지 앞에만 서면 내내 주눅이 들었던 것 같다.

그해 여름,

나의 청춘은 책과 검은 잎들을 질질 끌고 다녔다

그러다 대학교 1학년이 되던 해, 기형도 시인의 시를 접했다.
내 가치관이 통째로 흔들리는 혼돈의 시기가 시작된 것이다.

(전략)

몇 가지 사소한 사건도 있었다.
한밤중에 여직공 하나가 겁탈당했다.

기숙사와 가까운 곳이었으나 그녀의 입이 막히자
그것으로 끝이었다. 지난 겨울엔
방죽 위에서 취객 하나가 얼어 죽었다.
바로 곁을 지난 삼륜차는 그것이
쓰레기 더미인 줄 알았다고 했다. 그러나 그것은
개인적인 불행일 뿐, 안개의 탓은 아니다.

(후략)

- 기형도, 「안개」 중에서

「안개」라는 시에서 시인은 현대인의 인간성 상실, 소외, 개인화 현상을 '몇 가지 사소한 사건'을 통해 압축적으로 보여준다. 그리고 그것은 "개인적인 불행일 뿐, 안개의 탓은 아니다"라고 반어적으로 표현한다. 새로운 세계가 열린 듯했다. 그리고 생각했다.
'그래, 개인의 탓이 아니다. 개인의 무능력함이나 게으름만을 문제 삼을 것이 아니다.'

그렇게 기형도의 시를 시작으로, 사회 비판적인 글과 사람들을 접했다. 그리고 비로소 나는 어린 시절, 할아버지가 정월 초하루에

내 유년 시절 바람이 문풍지를 더듬던 동지의 밤이면
어머니는 내 머리를 당신 무릎에 뉘고 무딘 칼끝으로
시퍼런 무를 깎아주시곤 하였다.
어머니 무서워요 저 울음소리, 어머니조차 무서워요.
애야, 그것은 네 속에서 울리는 소리란다.
네가 크면 너는 이 겨울을 그리워하기 위해
더 큰소리로 울어야 한다.

- 기형도, 「바람의 집―겨울 판화 1」 중에서

명치끝에 심어놓은 죄책감과 부담에서 해방되었다. 그리고 안개를 걷어내기 위한 싸움에 몸을 던지는 사람들과 함께하자니 새삼 세상이 따뜻하게 느껴졌다. 달콤한 선물을 받은 기분마저 들었다. 금방이라도 안개가 걷히고 모두가 행복한 세상이 올 것만 같아 가슴이 두근거리기도 했다.

하지만 그런 기분은 그리 오래가지 못했다. 그저 그런 학벌에 취업을 준비해야 하는 현실을 마주하면서 나는 다시 세상에 혼자 남겨졌기 때문이다. 시인은 나와 함께 싸워주지 않았으며, 사람들은 안개와 싸우느라 누구도 내가 직면한 문제에는 관심이 없었다. 내곁엔 아무도 없었다. 결국 혼자 헤쳐나가야 할 싸움만이 남았다고 생각하니 묘한 배신감이 들었다.

(전략)

그 일이 터졌을 때 나는 먼 지방에 있었다

먼지의 방에서 책을 읽고 있었다

문을 열면 벌판에는 안개가 자욱했다

그해 여름 땅바닥은 책과 검은 잎들을 질질 끌고 다녔다

접힌 옷가지를 펼칠 때마다 흰 연기가 튀어나왔다

침묵은 하인에게 어울린다고 그는 썼다
나는 그의 얼굴을 한번 본 적이 있다
신문에서였는데 고개를 조금 숙이고 있었다
그리고 그 일이 터졌다, 얼마 후 그가 죽었다

그의 장례식은 거센 비바람으로 온통 번들거렸다
죽은 그를 실은 차는 참을 수 없이 느릿느릿 나아갔다
사람들은 장례식 행렬에 악착같이 매달렸고
백색의 차량 가득 검은 잎들은 나부꼈다
나의 혀는 천천히 굳어갔다, 그의 어린 아들은
잎들의 포위를 견디다 못해 울음을 터뜨렸다
그해 여름 많은 사람들이 무더기로 없어졌고
놀란 자의 침묵 앞에 불쑥불쑥 나타났다
망자의 혀가 거리에 흘러넘쳤다
택시운전사는 이따금 뒤를 돌아다본다
나는 저 운전사를 믿지 못한다, 공포에 질려
나는 더듬거린다, 그는 죽은 사람이다
그 때문에 얼마나 많은 장례식들이 숨죽여야 했던가
그렇다면 그는 누구인가, 내가 가는 곳은 어디인가

나는 더 이상 대답하지 않으면 안 된다. 어디서

그 일이 터질지 아무도 모른다. 어디든지

가까운 지방으로 나는 가야 하는 것이다

이곳은 처음 지나는 벌판과 황혼,

내 입 속에 악착같이 매달린 검은 잎이 나는 두렵다

- 기형도, 「입 속의 검은 잎」 중에서

먼 지방의 혹은 먼지의 방에서 책을 읽고 있는 나약한 지식인들의 자책과 탄성은 오히려 시간이 갈수록 나의 할아버지를 그립게 했다. 가슴을 뛰게 했던 안개와의 싸움은 나를 지켜주지 못했고, 안개만 걷히면 모두가 행복한 세상이 온다고 믿었던 스스로에게 회의가 들었다. 비인간적이라 할 만큼 성실했던 할아버지의 삶은 '침묵하는 하인'이 아닌 생존을 위한 투쟁이었고, 할아버지는 스스로를 해방시킨 노예라는 생각에 이르렀다.

시인은 인생에 대한 화두를 던진다

운이 나빠 방죽 위에서 얼어 죽은 취객과
다행히 얼어 죽지 않고 살아남은 할아버지.

내가 그들 중 어떤 운명일지는 알 수 없지만 그래도 나는 결심했
다. 보이지 않는 안개와 싸우느니, 당장 눈앞에 놓인 나의 문제를
해결하는 데 집중하기로. 눈 감고 귀 막고 그저 묵묵히 살아보기로
했다. 그리고 이왕이면 성공하자고 마음먹었다. 사회적 정의, 책임,
그런 건 내 밥값부터 하고 난 뒤에 생각해보자 했다. 안개와 싸우지
않은 것에 대한 자책, 여직공과 취객의 억울함, 부모를 잃은 아이의
울음을 외면한 내적 갈등을 잊기 위해 눈앞에 보이는 목표와 개인
의 성취에 더 악착같이 매달리기도 했다.

그리고 지금, 나의 강의실엔 여전히 그때의 나와 같은 이십대들
이 있다. 기댈 곳 하나 없이 개인의 문제를 알아서 해결해야 하는
상황도 여전하다. 그래서 나는 그들이 기형도의 시를 읽었으면 한
다. 그저 몇 줄의 비판적인 기사와 짧은 SNS의 글에 파묻히지 말고
시를 읽었으면 좋겠다. 남들이 펼쳐놓은 주장과 논리를 앵무새처

럼 따라 읊는 것이 아니라 시인이 던지는 질문과 고민을 붙잡고 자신의 내면에 가라앉아 있는 진짜 답을 찾길 바란다. 부모가 기대하고 사회가 요구하는 답을 그저 그럴 듯하게 흉내 내는 것을 그만두고, 자신이 진짜 원하는 것이 무엇인지 스스로 들여다보고, 지독하게 고민하고, 홀로 선택하길 바란다.

그리고 자신의 선택이 안개를 걷어내기 위한 싸움이든, 안개를 숙명으로 받아들이고 자기 앞가림에 매진하는 것이든, 그 양 갈래 길에서 선택에 직면하는 경험을, 반드시 내면의 지독한 고민 끝에 직접 했으면 한다. 그리고 치열하게 고민했다면, 선택했다면, 후회하지 않기를 바란다.

나 역시 다시 이십대로 돌아간다면 똑같은 선택을 할 것이다. 지금의 내 모습이 마음에 들어서가 아니라, 당시에 나로서는 최선을 다한 고민이었고, 그 끝에 내린 '나의 결정'이자 '나의 선택'이기 때문이다. 나는 과거의 내가 했던 고민들과 선택을 존중한다. 그리고 앞으로도 나의 선택들을 존중할 것이다. 그렇게 이어지고 완성되는 나의 삶이 나에게는 하나의 작품이다.

Age is no guarantee of maturity.

나이가 성숙을 보장하지는 않는다.

- 라와나 블랙웰Lawana Blackwell

그러니까 당신도
도둑질 빼고 다 해봤다는 그 잘난 기성세대냐고.

공부도 열심히 했고, 나름 문학도였으며
젊음의 방황과 학생운동도 해봤고
대학의 낭만을 알고, 지금은 돈 버는 능력까지
뭐 안 해본 것이 없고, 모르는 것이 없다는 잘난 기성세대.

나를 포함한 이 기성세대가
지금은 '이 시대의 안개와 검은 잎'이 되어 있다.

젊은 세대들의 입을 막고, 너는 아무것도 모른다며 기를 죽이고,
젊은 친구들의 도전에 대해서는 "내가 다 해봤다, 쓸데없는 짓 하지 마라"
식의 조언을 해가며 그렇게 그들의 삶을 우리의 그릇 안에 가둔다.
남의 인생을 대신 판단하고, 대신 살아줄 기세이다.
우리의 인생이 부모 세대와 달랐듯이,
다음 세대의 인생도 분명히 우리와 다르다.

나이를 먹을수록 입은 닫고 지갑은 열라고 한다.
나는 지갑이 반드시 돈을 의미한다고만은 생각하지 않는다.
자신의 여유, 기회, 자리를 나누라는 것이리라.
상놈은 나이가 벼슬이라고 한다.
먼저 살았다고, 현재 더 좋은 위치에 있다고,
반드시 더 나은 인생은 아니다.

항상 조심한다.
내가 다음 세대의 '입 속의 검은 잎'이 되어
그들의 입을 막고 있는 것은 아닌가.
내가 한 말들이 '안개'가 되어
그들의 눈을 가리고 있지는 않은가.

나는 어떤 '배경'이 되어 그들 옆을 지키고 있어야 하는가.

빵 반쪽이라도
있는 게 낫다

알렉산드르 솔제니친, 『이반 데니소비치의 하루』

인생이라는 것이 딱히 행복할 거라고 생각하지 않았던, 우울과 냉소의 끝을 달렸던 내가 도전과 노력이라는 좌우명으로 살아가게 된 계기는 아마도 내가 십대에 유난히 심취해 있던 책들에서 찾을 수 있지 않을까 싶다. 그렇지 않아도 숨 막히는 삶 속에서 내가 찾아 읽은 책들은 유난히 더 숨 막히는 것들이었다. 특히 인생의 무미건조함을 잔인할 정도로 구체적이고 사실적으로 묘사한 작품들이 많았는데, 지금의 내가 희망과 긍정보다는 독설과 비판을 일삼는 이유도 아마 그 책들에서 찾을 수 있을 것이다.

그중에 하나가 알렉산드르 솔제니친의 『이반 데니소비치의 하루』[9]이다. 시대의 암울함, 부당한 처벌과 권력의 횡포 앞에서 개인이 느끼는 무력함과 절망감이 소설 전반에 걸쳐 간결하면서도 분명하게 담겨 있다. 책의 전체가 단 하루의 이야기이다. 그것도 수용소에서의 길고 비참하고 지루한 하루. 책을 읽는 내내 그 삶의 무게에 같이 짓눌리게 된다.

작가는 느리고 집요하게 삶을 따라간다

이반 데니소비치 슈호프. 평범한 농부였던 그는 독소전쟁이 일어나자 병사가 된다. 반역자로 오인을 받은 그는 부정해봤자 죽을 것이고, 차라리 인정하면 좀 더 목숨이 붙어 있을 것 같기도 했다. 그래서 그는 자백서에 서명을 한다. 그렇게 선고받은 강제수용소 형기 10년. 소설은 그의 수용소 생활 8년 차의 어느 날이다.

슈호프는 성실한 사람이다. 매일 아침 기상신호와 동시에 잠을 깬다. 점호 전까지 한 시간 반 정도의 자유 시간을 이용해 낡은 천으로 장갑을 만들어 팔기도 하고, 막사마다 찾아다니면서 잡일을 돕거나, 설거지통에 빈 그릇을 갖다 두는 일을 하면서 약간의 돈벌이를 한다.

어쩌다 '운이 좋으면' 누군가 먹다 남긴 찌꺼기를 핥는 재미도 있기 때문에 더 부지런을 떤다. 그날은 몸 상태가 좋지 않았다. 하루쯤 의무실에 가서 작업 면제를 신청할까도 했지만 오히려 그런 생각을 하다가 늦게 일어났다는 이유로 3일간의 노동영창을 받을 뻔한다. 억울했지만 항변할 생각을 하지는 않았다. 갖은 비리와 부당한 처우가 일상인 수용소에서 개인의 정직한 호소는 아무런 힘이 없다는 걸 그는 이미 잘 알고 있었다.

이 모든 상황은 나의 일상을 떠오르게 했다. 수용소의 삶이나 나의 삶이나 대단한 것이 없기는 매한가지다. 뻔한 일상에 갇혀 있는 나의 삶이 과연 교도소보다 조금 더 자유롭다고 할 수 있는가, 그야말로 도진개진이다.

이반 데니소비치는 심지어 자신이 자유를 바라는 것인지조차 알지 못한다. 그저 오늘 영창에 가지 않은 것에 감사하고, 내일 집으로 돌아가고 싶을 뿐이다. 나도 내가 원하는 것이 자유인지 알 수가 없었다. 그가 수용소에서 나가는 것에 큰 의미를 두지 않듯이 말이다. 내가 보기에 그는 수용소를 벗어나도 세상이란 결국 지금과 크게 다르지 않은 또 다른 수용소일 뿐이고, 새로운 상황에 다시 적응하느니 지금의 모습이 차라리 마음 편하다고 느끼는 듯했다.

그러나 이 '염색장이' 일만은 그에게 초조감을 느끼게 만들었다. 더구나 고향 친구들한테 뒤처지는 건 참을 수 없다.

사실, 바깥세상에 대한 이반 데니소비치의 걱정은 자신이 '경쟁과 비리' 사이에서 살아남을 수 있을까 하는 것이었다. 그의 마누라는 그에게 출소 후에 염색장이 일을 해보라고 권한다. 그런데 그 염색장이 일이라는 것이 수입은 괜찮아 보이지만, 뇌물도 먹여가며 수완 좋게 속세에서 성공해야 하는 일이다. 그는 자신이 없었다. 감옥 밖에서의 경쟁에서 질 수는 없고, 그러려면 뇌물이나 비리에 합류해야 하고, 그런 것들을 잘할 자신도 없고……. 이것은 나의 두려움이기도 했다.

감옥과 수용소를 전전하는 사이에 이반 데니소비치는 내일은 무엇을 어떻게 하고 내년에는 또 무엇을 어떻게 한다는 계획을 세운다든가, 가족의 생계를 걱정하는 일이 없어지고 말았다. 그가 걱정하지 않아도 높은 사람이 대신 생각해준다. 오히려 그에게는 그것이 훨씬 마음 편하기도 했다.

작은 사회를 옮겨놓은 듯한 수용소에서 그는 재주 좋게 살아남

고 있었다. 그런 그에게 더 큰 세상으로의 도전은 자유라는 보상으로도 감당이 안 될 수 있는 부담인 것이다.

그리고 그 질문은 다시 나에게로 돌아왔다. 매일 반복되는 일상, 아침저녁을 쳇바퀴 돌 듯 같은 공간만 오고 가는 이 삶에서 머무르기를 원하는 것인가. 아니면 더 큰 세상으로 나아가 더 자유롭고, 거창한 미래를 꿈꾸며, 치열한 경쟁을 하고, 각종 비리들과 얽혀 사는 인생을 원하는 것인가? 이런 고민들을 하며 책장은 계속 넘어가고 있었다.

죄수번호 CH-854호의 운수 좋은 날

정말 억울하다고 생각했다. (…) 그렇다고 타타르에게 사정해봐야 아무 소용도 없다는 것을 그는 잘 알고 있었다. 그래도 예의를 지키는 뜻에서 형식적으로나마 용서를 빌어야 한다. 그는 바지를 입고(그의 바지 왼쪽 무릎 위에도 역시 CH-854라는 번호가 찍힌 때 묻은 헝겊 조각이 붙어 있었다), 솜옷을 걸친 다음(거기에도 앞가슴과 잔등 두 곳에 똑같은 번호표가 붙어 있었다), 마룻바닥에 쌓인 방한화 더미에서 자기 것을 찾아 신었다.

죄수번호 CH-854호로 불리는 비인간적인 삶, 끝을 알 수 없는 비참한 일상을 살지만 주인공은 하루 끝에 "오늘은 아주 운이 좋았다"라고 이야기하며 잠이 든다. 심지어 "행복하기까지 한 날"이라고 생각한다.

슈호프는 더없이 만족한 기분으로 잠을 청했다. 오늘 하루 동안 그에게는 좋은 일이 많이 있었다. 재수가 썩 좋은 하루였다. 영창에 들어가지 않았고, 사회주의 단지로 추방되지도 않았고 점심때는 죽그릇 수를 속여서 두 그릇이나 얻어먹었다. (…) 이렇게 하루가, 우울하고 불쾌한 일이라고는 하나도 없는, 거의 행복하기까지 한 하루가 지나갔다.

오전 다섯 시, 그는 또다시 몸을 일으켜 세웠을 것이다. 새로운 하루도 운이 좋기를 기대하며 부지런히 움직였을 것이다. 그 에너지는 대체 어디서 오는 걸까. 이 물음이 허무와 염세에 빠져 있던 나를 잡아끌었다. 나에게 주어진 불행과 삶의 모순들이 다른 장소, 다르게 살고 있는 소설 속 누군가의 삶에서 반복되는 것을 보았고, 그로 인해 나의 삶을 고찰하게 되었다. 그리고 그 모순과 문제들의 해결만이 인생의 목표가 아니라고, 나의 하루에 일희일비하는 작은 순간들도 삶의 중요한 내용임을 말해주었다.

나는 무엇을 놓치고 살았는가. 지은이 솔제니친은 어떤 인생의 목표나 대의명분이 있어야만 살아갈 이유가 있고, 인생이 행복할 수 있다고 믿었던 나의 맹목적인 이상 추구를 지적한다. 그리고 『이반 데니소비치의 하루』에서 내가 찾은 답은 삶에 대한 서툰 기대나 어설픈 희망 따위를 버릴 때, 인간은 비로소 행복해진다는 것이다.

뜨끈한 국물이 목구멍을 지나 전신에 퍼지자, 오장육부가 국물을 반기며 요동을 친다. 살 것 같다! 바로 이 순간을 위해서 죄수들은 살고 있는 것이다. 적어도 지금의 슈호프는 무엇에 대해서나 불만을 느끼지 않는다. 기나긴 형기에 대해서도, 긴 하루에 대해서도, 또다시 일요일을 빼앗긴다는 불길한 소식에 대해서도. 지금 그의 머릿속을 사로잡고 있는 것은 오직 한 가지, 어떻게든 살아보자는 생각뿐이다. 하느님의 은총으로 이 모든 것이 끝날 때까지 무슨 일이 있더라도 살아남아야 한다!

슈호프는 고향 마을에서 넘치는 음식을 닥치는 대로 집어삼켰던 시절을 후회한다. 전에는 입에도 대지 않았을 쓰레기 같은 수용소 음식을 먹으며 깨달았다. 식사는 천천히 음미할 때 진미를 알게 된다는 것을. 설익은 빵 한 조각이라도 입안에 넣고 혀끝으로 이리저리 굴리며 향기를 끌어내야 한다는 것을. 그런 작은 노력들이 삶의 의미와 기쁨을 찾게 한다는 것을 말이다. 그는 그렇게 만족하는 법을 알았다.

결국, 믿을 수 있는 건, 내가 버텨낸 오늘 하루다

오롯이 나의 힘으로 하루를 버텨낼 수 있으려면 당장 나에게 필요한 건 빵 한 조각과 낡은 신발, 아프지 않은 몸이면 충분하다. 운이 좋아서 죽을 두 그릇 먹고 담배를 한 개비 피웠다면, 운수가 대통해서 쓸모가 많은 조각칼까지 주웠다면 행복한 것이다.

발밑만을 보고 살라.
암흑 속에서도 빛나는 별을 찾으라.
쓸데없는 생각에 잠길 겨를이 없다. 오늘을 지키고 버텨내라.

아무것도 믿을 수 없는 사회. 국가도, 법률도, 그 어떤 사소한 규칙도 개인을 지켜주지 않는 시대에 살고 있는 우리의 일상 역시 그와 크게 다르지 않을 것이다. 여전히 우리 주변에는 개인의 힘으로 극복하기 어려운 환경이나 상황이 반복되고 있다. 그래서 나는 누구나 살아가는 의미를 찾기 위한 자신만의 열병을 앓아야 하는 시기가 있어야 한다고 생각한다.

이 정글과 같은 현실에서 살아남기 위해서는 스스로 강해져야 한다. 누군가를 비난하거나 헛된 희망의 지푸라기를 붙잡고 왜곡된 삶을 살아가는 것은 더욱 헤어날 수 없는 늪이 될 뿐이다. 누군가는 긍정의 힘을 이야기하고 희망을 노래하지만, 나는 절망보다 긍정이나 희망이 주는 배신이 더 싫다.

나에게 주어진 불평등, 불행, 모순을 이겨내기 위해서 아플 때에는 피하지 말고 한번 독하게 앓고 나와야 한다. 어설프고 잔인한 희망에 의존하지 말고 차라리 절망 속에서 몸부림쳐보는 것이 더 확실한 길이다. 그 몸부림 끝에 자신을 완전히 붕괴시킨 후 다시 현실 속에서 스스로를 일으켜 세워 살아남는 방법을 몸으로 터득해야 한다. 그렇게 스스로 정제되어 살아남은 진정한 '나'가 전면에 나서야만 나의 인생을 제대로 살아볼 수 있다.

주인공과 같은 작업반에는 25년을 구형받은 동료 키르가스가 있다. 그는 슈호프가 자신과 다르게 시대를 잘 만나서 10년을 선고

받았고, 그마저 이제 8년을 살았으니 이제 곧 수용소 밖으로 나가겠다고 부러워하는 눈치다. 그런 키르가스에게 슈호프가 말한다.

"25년, 25년 하고 자꾸만 되뇔 필요가 없어. 25년을 살게 될지 어떨지는 아무도 확언할 수 없다니까. 확실한 건 내가 이미 8년을 살았다는 사실 뿐이야." 요컨대 언제나 발밑만을 보고 살라는 말이다. 그렇게 하면, 무엇 때문에 들어왔느니, 언제 나가게 되느니하고 쓸데없는 생각에 잠길 겨를이 없다.

주인공 슈호프는 석방 이후의 삶에 대한 기대 때문에 행복한 것이 아니었다. 그저 오늘 하루 빵을 조금 더 받았고 일을 조금 덜했기 때문에 행복하다. 삶이란 꼭 거대한 희망이 있어야만 살아지는 것이 아니다. 굳이 거창한 의미 부여로 삶을 더 불행하게 만들 필요도 없다.

그래서 나는 실체 없는 바깥세상의 자유보다는 지금 내 삶 안에서 만족을 얻을 수 있는 작은 의미들에 집중하기로 했다. 앞으로도 인생이라는 것이 별게 없겠지만, 굳이 살아볼 만큼 아름답지도 않겠지만, 노력을 한다고 나아지지도 않겠지만, 지금과 아무것도 변하지 않겠지만, 결국 스스로 죽지 않을 거라면 어떻게든 살아나가야 할 것이고, 부질없는 노력이라도 하지 않는다면 어떻게 이 긴 시간을 버티겠는가.

우리는 대부분 취업이라는 감옥에 갇혀서, 가난에 갇혀서, 차별과 불평등에 갇혀서 언제 끝날지 모르는 형기를 치르고 있다. 아마도 감옥 밖에는 더 큰 세상이 있을 것이다. 그곳에서 바라본 지금의 나는 무지하고 빈곤하며, 하루 빵 한 조각을 위해 사는 미생처럼 보일 것이다. 취업하려는 발버둥, 조금이라도 안정적인 직장을 가지려는 발버둥, 돈을 더 벌고 좋은 집에 살고자 하는 발버둥은 하찮게 느껴질 것이다. 그러나 잊어서는 안 된다. 그 누구의 인생도 상대적인 비교에 의해 행복하거나 불행해지지 않아야 할 자격이 있다.

죄수번호 CH-854호로 불리는 속에서도 그는, 이반 데니소비치라는 이름을 잃지 않으려고 버티고 있다. 행복하기 위해 노력하고 있다. 그 삶에도 배려가 있고, 존중이 있으며, 그렇기에 인생은 의미 있다.

그러니 찾아야 한다.
작은 노력 끝에 얻게 될 단 하루뿐인 오늘의 행복을.

아플 때에는 피하지 말고
한번 독하게 앓고 나와야 한다.
어설프고 잔인한 희망에 의존하지 말고
차라리 절망 속에서 몸부림쳐보는 것이 더 확실한 길이다.

그 몸부림 끝에 자신을 완전히 붕괴시킨 후
다시 현실 속에서 스스로를 일으켜 세워
살아남는 방법을 몸으로 터득해야 한다.

그렇게 스스로 정제되어 살아남은
진정한 '나'가 전면에 나서야만
나의 인생을 제대로 살아볼 수 있다.

묵묵히 발밑만을 보고 걸었다.
손에 쥔 빵 한 조각과 조각칼에 감사하며 걸었다.

서툰 기대와 어설픈 희망을 경계하며
나의 하루를 믿고 걷고 또 걸었다.
어설프고 잔인한 희망에 의존하지 않기 위해,
피하고 싶은 현실을 정면으로 마주하려고 노력했다.

나의 노력은 특정 목표가 있다기보다는
오늘 하루를 버티기 위함이었다.
그저 조금씩이라도 움직이다 보면
언젠가 오늘과는 다른 위치에 가 있겠지.
그런 식이었다.

그렇게 나는
오늘도 세상 사람들 사이에서
같이 흔들리며 살아가고 있다.

2002년 크리스마스이브에 탈고한 나의 첫 번째 에세이는
이렇게 끝이 난다.

책은 나에게 마주할 수 없는 상처였다.
『이방인』을 탐독하고 쇼펜하우어를 쫓는 데서 삶의 의미를 찾던 내
게 닥친 현실은 가혹했다. 나의 이상은 현실에서 무능했다. 이제 와
서 잃어버린 내 언어와 사고의 족적을 다시 찾아 나설 용기가 없었
다. 미사여구 없이 본론만, 직선적으로. 나의 언어는 나의 현실세
계를 반영하고 있다.

그 잃어버린 언어로 다시 세상을 향해 말하고,
내 안에서 이방인을 다시 끌어내기까지 13년이라는 세월이 흘렀다.

"아무도 함부로 그녀의 죽음을 슬퍼할 권리는 없다."

타인의 죽음 앞에서 자신의 상실감에 의한 슬픔보다는
한 인간의 삶이 끝났음을 존중해야 한다.
지금까지 나는 이 한마디를 입 밖으로 내어본 적이 없다.

초라한 내 현실이 나의 생각까지도 초라하게 만들까 꽁꽁 숨겨왔다.

이 말 한마디를 세상에 하기까지 나는 오래도록 스스로를 증명해야

했다.

증명되지 않은 자의 생각이 세상의 비웃음이 되지 않을까 침묵했다.

그래서 더욱더 현실의 언어로만 말하고, 실제 몸으로 증명하는 것에

집착했다. 그렇게 노력만을 강조하는 독설가가 되었던 것 같다.

헤세가 한 권으로 써낸 인간의 성장과 완성,

이반 데니소비치가 단 하루로 그려낸 인생을

미천한 나는 이렇게 길고 긴 세월 동안 주저리 풀어내었다.

시간이 흐르며 나의 생각들이나 태도는 조금씩 달라지기도 하고,

나이를 먹어가도 여전히 미완의 좌충우돌이지만

그 성장의 과정들은 나의 역사이다.

나는 귀가 얇고 세상의 평가에 흔들리는 약한 사람이다.

이제 다시 되씹어보는 나의 언어들은 내가 길을 잃지 않았음을,

내 삶의 시작점에서 완성을 향해 가고 있음을

스스로 확인하고 다지는 작업이다.

PART 02

You cannot dream yourself into a character.

you must hammer and forge yourself one.

.

인격은 꿈꾸듯 쌓을 수 있는 게 아니다.

망치로 두드리고 다듬듯 꾸준히 노력해

스스로 쌓아나가야 한다.

제임스 A. 프루드 James A. Froude

계획적 진부화

일라리아 과르두치, 『콧수염 아저씨의 똥방귀 먹는 기계』

최근에 가장 인상 깊게 읽은 책은 『콧수염 아저씨의 똥방귀 먹는 기계』[10]라는 동화책이다.

어느 마을에 콧수염 아저씨가 방문한다. 아저씨는 세상의 모든 오물을 근사한 것으로 변신시키는 기계를 파는 사람이다. 일명 똥방귀 먹는 기계. 코딱지를 넣으면 빵이 나오고, 방귀는 향수로 변신하는 생전 처음 보는 희한한 기계이다. 모든 집은 그 기계를 한 대씩 사들였고 행복해졌다. 그러나 시간이 얼마 지나지 않아 기계들은 고장 나기 시작했고, 한번 고장이 난 기계는 고칠 수가 없다. 사

142

람들은 모두 기계를 처분한다. 그렇게나 근사했던 것들은 모두 다시 오물로 돌아가고, 마을 사람들은 우울해졌다. 바로 그때 벨을 누른 것은 돌아온 콧수염 아저씨, 아니 새로운 기계를 들고 나타난 턱수염 아저씨였다.

ⓒ 나무생각 제공

마지막에 등장한 턱수염 아저씨는 정말 기발한 결말이었다. 왜냐하면 일단 한번 똥방귀 먹는 기계를 경험해본 사람들은 턱수염 아저씨가 파는 기계도 이내 고장이 날 것을 알지만 다시 사지 않을 수 없기 때문이다. 그들의 생활은 이미 콧수염 아저씨의 기계에 길들여져서 그것 없이는 불편하고 불행하다고 느끼게 된다. 그렇기 때문에 마을 사람들은 또다시 턱수염 아저씨의 기계를 너나없이 구입할 것이고, 얼마 지나지 않아 기계들이 고장 나면, 그 다음은 구레나룻 아저씨의 등장이 반복될 것이다.

이 이야기가 과연 재미있기만 한 것일까?

이건 동화책이지만, 동시에 우리의 현실이기도 하다. 사기꾼 같아 보이는 콧수염 아저씨를 우리는 오늘도 매일 만나고 있다. 우리의 일상을 소리 없이 점령하고 있는 수많은 기업의 신상품, 이것이 우리가 매일 만나는 콧수염 아저씨, 턱수염 아저씨, 구레나룻 아저씨의 다른 모습들이다.

요람에서 무덤까지
소비를 위해 존재하는 우리는 소비자

우리의 삶은 텔레비전, 인터넷, 라디오, 심지어 거리에서도 피할 수 없이 넘쳐나는 광고들의 세상에 둘러싸여 있다. 그리고 수천, 수만 개의 광고들이 하루 24시간 내내 우리를 세뇌시킨다. '너는 이것이 필요하다, 이것이 너를 행복하게 해준다, 이것이 없는 너는 불행하다, 너는 이것이 필요해야만 한다.' 누구도 이 잔인한 세뇌에서 빠져나갈 수가 없다. 아이의 장난감에서 시작하여 장례를 위한 상조보험까지, 한마디로 요람에서 무덤까지 광고가 우리의 인생을 장악하고 지배한다.

특히 요즘같이 어디에서도 제대로 된 소속감과 환대를 경험할 수 없는 시대에서는 더더욱 광고의 유혹에 빠져들 수밖에 없다. 껌 하나라도 살 수 있는 구매력이 있어야만 존중받을 수 있는 소비자의 시대이기 때문이다. 그렇게 우리는 존재감을 확인받기 위해 끊임없이 소비를 한다. 지속적인 소비를 하기 위해 돈을 벌고, 돈을 벌면서 받은 각종 스트레스와 피로를 풀기 위해서 또다시 소비를 한다. 현재 미국의 평균 가정은 소득 1달러당 1.22달러 정도 지출한다고 한다. '임금을 상품으로, 상품을 임금으로' 이 사회는 그렇게 돌아가고 있다. 기업의 입장에서 우리는 소비를 지속해야만 존재하는 소비자이다. 이 말을 뒤집어보면, 소비자들은 소비를 하기 위해 일을 한다. 평생 쳇바퀴 안에서 제자리를 돌아야 하는 모르모트처럼 우리도 소비라는 먹이를 위해 일렬로 줄지어 끝없이 돌고 있다.

'끊임없이 소비하라'라는 세뇌는 점차 정교하게 발달하고 있다. 하다 하다 이제는 기존에 가지고 있던 물건들을 빨리 버리라고 재촉하고, 어서 새로운 제품을 소비하라고까지 독촉하고 있다. 그 방법들은 너무나 교묘하여, 우리는 그저 무감각하게 끌려다니고 있다. 소비를 강요하는 신제품들과 광고들과 그 세뇌는 콧수염 아저씨에서 턱수염 아저씨로, 턱수염 아저씨에서 구레나룻 아저씨로, 끊임없이 변화하며 우리를 눈 뜬 '호갱'으로 만든다.

제품이 죽어야 소비가 살고, 기업이 살고, 우리 사회가 돌아간다

아마 누구나 한번쯤은 생각해봤을 것이다. 왜 휴대전화 배터리는 2년이면 수명이 다하는가? 왜 텔레비전은 고장이 나면 고치는

게 사는 것보다 비싼가?[11] 왜 시간이 좀 지난 제품의 부품은 구하기조차 힘든가? 왜 신제품과 구제품은 호환이 안 될까?

　대표적인 현대 기술의 불가사의는 음료수 캔이라고 한다. 음료수 캔은 영원히 썩지 않는데, 자동차는 왜 2, 3년만 지나도 녹이 스는가 말이다. 원래 여자들의 나일론 스타킹은 그 수명이 영구적이었다고 한다. 그런데 지금은 한두 번만 신어도 올이 나간다. 그렇다면 기술이 오히려 퇴보하고 있는가? 물론 아니다. 그 이유는 이미 생산 단계에서 제품의 수명을 단축시켰거나 결함 요소를 삽입했기 때문이다. 그래서 우리가 제품을 아무리 조심스럽게 쓰고, 고쳐 쓰려고 해도 일정 기간이 지나면 결국 새로운 제품을 구입할 수밖에 없도록 만드는 것이다.

　쉽게 말하면 기업이 돈을 벌려고 꼼수를 부리는 것이고, 조금 어렵게 말하면 '계획적 진부화'에 해당한다. '계획적 진부화'란 인위적으로 제품의 수명을 단축하거나 결함의 요소를 미리 삽입하는 방식을 말한다.[12]

　즉, 지속적인 소비를 끌어내기 위해 일정 기간이 지나면 제품이 고장 날 수밖에 없도록 만들며, 고장 난 제품은 아예 신제품을 사도록 유도한다. 그러나 인터넷에서 찾아볼 수 있는 '진부화'의 정의는 기술 발달에 따라 기존의 제품이 진부화, 즉 낡는다는 것뿐이다. 가능한 오랫동안, 어쩌면 영원히 우리가 '계획적 진부화'라는 용어의 의미를 정확히 모르기를 원하기 때문이리라.

왜 자동차 회사들은 3년에서 5년마다 신제품을 개발할까?

왜 똑같은 디자인의 자동차가 매번 이름만 바뀌어서 출시되는 일이 벌어지는가? 내수 시장 의존도가 높은 자동차 업체들은 국내 수요가 없으면 공장 문을 닫아야 한다. 그런데 사람들이 십 년마다 한 번씩 차를 구입한다면 어떻게 공장을 유지하겠는가? 그래서 결국은 우리로 하여금 더 짧은 주기로 계속 차를 구입하게 만들어서 수입을 유지하는 것이다. 공장은 돌아가야 하고 그러기 위해서는 부품 또한 지속적으로 교체되어야 한다. 결론적으로 자동차 회사들이 살아남기 위해서는 부품이 자주 고장 나야 하고, 당신의 차는 빠르게 구식이 되어야 하는 것이다.

그뿐만이 아니라 기업들은 매번 '최신 유행'이라는 커다란 파도로 우리의 소비심리를 압박하고, 자극하고, 통제하는데, 이것은 바로 '심리적 진부화'라는 것이다. 심리적 진부화란 신제품이나 새로운 유행으로 인해 소비자들이 기존의 제품들을 구식이라고 생각하

'너는 이것이 필요하다'

'이것이 너를 행복하게 해준다'

'이것이 없는 너는 불행하다'

이 잔인한 세뇌에서 빠져나갈 수 있을까.

게 되고, 새로운 제품에 대한 욕구needs가 생기는 것을 말한다. 사실 유행은 우리의 소비를 촉진하는 가장 확실한 방법이기도 하다.

만약 당신이 차를 새로 구입했다 치자. 그런데 불과 몇 년 뒤에 모든 광고에서 신차를 홍보하며, 거리에는 온통 신차들이 굴러다 닌다. 그러면 당신의 자동차가 갑자기 구식이 되었다는 느낌을 확 받게 된다. 바로 그때를 노려 자동차 회사들은 각종 할인과 할부 혹은 렌탈 정책 등을 동원해 당신에게 신차를 사도록 유혹한다. 이렇게 자동차 회사들은 당신이 어제 구입한 자동차를 오늘 구형으로 만들기 위해 끊임없이 신제품을 만들어내고, 엄청난 광고로 세상을 도배한다. 스마트폰과 전자제품 등의 경우도 마찬가지다.

인생의 목표보다는
유행을 쫓으며 일생을 바치는 사람들

강의실에는 공부를 하러 오면서도 유행에 맞춰 신상으로 빼입고 앉아 있는 학생들이 보인다. 자신은 얼리어답터early adopter라며 최첨단 고가의 고성능 시계를 차고 운동선수나 신을 법한 최신 농구

화를 신고 도도하게 앉아 있는 학생들도 보인다. 과연 저 시계의 복잡한 기능들은 다 알고 사용하는 것인지 의아하다. 새로운 기능이나 최신 디자인이 과연 본인의 욕망이었을까. 다음 달이면 더 최신 유행의 옷과 신기능을 장착한 제품들이 나올 텐데, 유지비가 꽤 많이 들겠다 싶다. 매번 다음 달 유행까지 알아야 하니 그 인생도 참 피곤할 것이다. 이 모든 것은 '자기만족'이라는 미명하에 당당함의 근거까지 마련해준다.

왜 우리의 자기만족은 항상 이런 소비를 통해서만 이루어지는 것일까? 여기에서 현대인은 현실에서의 좌절을 물질로 보상받는다는 식의 사회적 분석까지 나오면 상당히 복잡해진다. 그러니 나 자신에게 먼저 자문해보는 것이 우선이다. 내가 소비를 통해서 행복을 찾는 이유는 무엇인지, 나에게 다른 종류의 행복에는 어떠한 것들이 있는지 말이다.

나를 포함한 대부분의 사람들은 계절마다 옷을 사고, 2년마다 휴대전화를 바꾸고, 5년마다 차를 바꾸고, 주기적으로 컴퓨터를 갈아치우며 살고 있다. 신제품을 원하지 않아도, 유행에 휩쓸리고 싶지 않아도 시장이 우리를 가만히 내버려두지 않는다.

잊지 말아야 할 것은 시장에 끌려다니며 길들여지는 것이 우리의 월급통장과 지갑만이 아니라는 점이다. 콧수염 아저씨와 턱수염 아저씨를 구별하지 못하는 눈, 무감각해지는 사고를 경계해야 한다. 얼마 전, 텔레비전에서 어느 대기업의 신용카드 광고를 보았다. 유명 연예인이 나와서 자랑스럽게 "나는 생각이라는 것을 안 한다. ○○카드가 대신 생각하고 계획해준다"라고 말하며 행복한 듯 웃고 있는 광고였다.

소름이 확 끼쳤다. '소비자인 너는 아예 생각이라는 것을 하지 마라' 그렇게 기업이 노골적으로 나를 사육해서 잡아먹겠다는 메시지를 보내고 있었기 때문이다. 생각하기를 포기한 채 소비할 때 우리는 기업과 시장의 말 잘 듣는 호갱, 단물만 빨아 먹히고 버려지는 소모품 신세가 되는 것이다.

때로는 우리가 모르고 있었던 혹은 잊고 지내던 사실들을 이렇게 한 권의 동화책이 보여주기도 한다. 너무나 무거운 고전이나 철학책이 부담스럽다면 가끔은 이렇게 동화나 우화로 쉬어 가보는 것이 어떨까?

경영, 경제 이론 혹은 그 기법들을 반드시 기업의 입장이나 직장인의 입장으로만 배워야 하는 것은 아니다. 한 명의 소비자로서도 경영 마인드라는 것은 중요하다. 우리가 시장의 흐름을 읽는 눈을 가지려 할 때, 아는 만큼 보이고 깨어 있을 수 있으며, 궁극적으로는 소비를 하더라도 혹은 소비를 하지 않더라도 진정으로 행복해질 수 있을 테니 말이다.

마릴린 먼로의 점이
매력적인 이유

B.S. 오쇼 라즈니쉬, 『배꼽』

오쇼 라즈니쉬.

그는 기성종교를 공개적으로 비난했고, 성과 섹스에 대한 개방적인 태도로 논란을 일으켰다. 기존의 진리에 기대지 않고, 스스로 자기 안에 진리를 찾아야 한다고 주장했다. 사람들은 그를 위대한 철학자로 기억하기도 하고, 사기꾼이라 비난하기도 하지만 이런 엇갈린 평가에도 불구하고 나는 그의 책과 철학을 매우 좋아한다. 그의 대표적인 책 『배꼽』[13]에 나오는 「두 번째 신발 이야기」를 간단히 들려주면 다음과 같다.

호텔방을 잡으려는 세일즈맨과 빈 방이 하나 있지만 내어줄 수 없다는 호텔 지배인이 있다. 둘의 실랑이는 아래층에 묵은 위대한 정치 지도자 때문이다. 세일즈맨이 잡으려는 방 아랫방에 위대한 정치 지도자가 머물고 있는데, 그는 아주 작은 소음에도 불같이 화를 내는 예민한 성격의 소유자이다. 때문에 소심한 지배인은 위층 방이 비어 있는데도 내어줄 수 없다는 입장이다. 그러나 그 호텔이 아니면 머물 곳이 없었던 세일즈맨은 절박함을 무기로 통사정 끝에 정치인의 윗방에 투숙하게 된다.

층간 소음으로 행여나 쫓겨날까 방에 들어서는 순간부터 까치발로 조심조심 신발을 벗던 세일즈맨은 순간의 실수로 신발 한 짝을 마룻바닥에 떨어뜨리고야 만다. 예민한 정치 지도자가 진노하여 뛰어 올라올 것을 두려워한 그는 나머지 신발 한 짝만큼은 최대한 조용히, 소리 없이 바닥에 내려놓았다. 그리고 반응을 살폈다. 다행히 정치인은 올라오지 않았고, 세일즈맨은 깊은 잠에 빠졌다. 그러나 한 시간쯤 지났을 때, 누군가 세일즈맨의 방문을 거칠게 두드렸다. 문 밖에는 아랫방의 위대한 정치 지도자가 화가 난 얼굴로 서 있었다.

"각하, 저는 조용히 자고 있었는데…… 혹시 제가 잠결에 무슨 소리라도 냈나요? 그럴 생각은 없었는데, 정말 죄송합니다." 놀라서 사과하는 세일즈맨에게 정치 지도자가 말했다.

"아니 아니, 그게 아니오. 나머지 한쪽…… 도대체 나머지 한쪽 신발은 어찌 된 거요? 한 시간 전에 신발 한 짝이 마루에 떨어지는 소리를 들었는데, 두 번째 소리가 나질 않아 도저히 잠을 잘 수가 없잖소!"

오쇼 라즈니쉬는 사람들이 어떤 현상이나 진리가 자신이 알고 있는 이론 혹은 자신의 철학이나 꿈과 일치하지 않을 때 천국과 지옥 사이 어디쯤에 어정쩡하게 매달려 있는 것 같은 불안을 느낀다고 말한다. 보통 사람들은 불안을 부정적인 감정, 불행한 감정으로 여긴다. 그러나 나는 '불안'이야말로 사람을 움직이는 가장 강한 힘 중에 하나라고 생각한다. 신발 한 짝이 더 떨어져야 하는 것이 진리인데 떨어지지 않으니 지도자는 불안한 것이다. 그는 이 불안한 상태를 해결하기 위해서 잠을 포기한 채 소리에 열중했고, 결국 궁금함을 참지 못하고 위층으로 달려와 질문을 하게 되지 않았는가. 불안은 이렇게 사람을 움직이게 한다.

An Englishman thinks he is moral
when he is only uncomfortable.

영국인은 꼭 불편함을 겪을 때만
자신이 도덕적이라 생각한다.

- 조지 버나드 쇼George Bernard Shaw

완벽한 미인보다
마릴린 먼로의 점이 매력적인 이유

실제로 이렇게 완성되지 않은 것, 불완전한 것에 집착하는 사람들의 심리를 활용한 광고가 꽤 있다. 그중 한 예가 초콜릿 회사의 광고이다. 이 회사는 회사명의 첫 글자 'K'를 일부러 빼고 나머지만 보여준 적이 있는데, 그 불완전한 모습이 오히려 소비자의 주의를 끄는 효과를 냈을 뿐만 아니라 소비자로 하여금 빠진 글자를 스스로 완결 짓게 함으로써 그 제품에 대한 정보를 한 번 더 기억에 각인시키는 효과를 거두었다.

최근에 스타벅스에서 고객의 이름을 일부러 틀리게 적어준 것도 같은 전략이다. 소비자들은 컵에 쓰인 자신의 이름이 틀렸다는 사실에 적극적으로 개입하게 된다. 그 사연들을 트위터에 올리고 사연들이 쌓이면서 '바이럴 마케팅(온라인상에서 제품에 대한 정보를 퍼트리는 구전 마케팅)'으로 이어진다. 이렇게 적극적으로 자신과 관련된 이야기를 전파하는 사람들을 '스토리슈머'라고 한다. 스토리슈머란 이야기를 뜻하는 'Story'와 소비자를 뜻하는 'Consumer'의 합성어로 자신과 관련된 경험이나 이야기를 다른 사람들에게 적극적으로 알리는 소비자를 일컫는다.

이렇게 어떤 대상에 틈이 있을 때 사람들은 그것을 완전한 모양, 자신이 알고 있는 진리에 가깝게 채우려는 경향이 있다. 예를 들어 한참 재미있게 보던 드라마가 중요한 장면에서 끝이 나면 우리는 매우 간절한 마음으로 다음 장면을 보기 위해 일주일을 기다린다. 이렇게 열중하던 것을 도중에 멈추게 되면, 정신적 강박이 생기고 미련이 남아 뇌리에 박히면서, 완성되지 않은 자극을 완성시키고자 하는 강한 동기가 생긴다. 심리학에서는 이런 현상을 '자이가르닉 효과Zeigarnik Effect'라고 한다.

인간은 어떤 자극이 들어오면 자신이 기존에 가지고 있던 기억 속에 이미 알고 있는 익숙한 정보와 연결시켜 처리하려는 경향이 있다. 이것은 '지각적 조직화'라는 것인데 심리학 이론 중 폐쇄성 원리, 다른 말로 '완결성의 원리'에 근거한다. 이는 불완전하거나 잘못된 부분을 발견하면 사람들은 이를 완전한 것으로 인식하고자 그 빈 부분을 채우거나 바로잡으려는 심리가 작동하는 것이다. 불완전한 자극을 활용한 마케팅 사례도 적지 않다.[14] 애플 로고의 한 입 베어 먹은 사과라든지, 중간중간 끊어진 불완전한 선으로 쓰여 있는 IBM 로고 등이 대표적이다.

누구나 주인공이 되고 싶어하는 세상,
잘난 척할 수 있게 멍석을 깔아줘라

폐쇄성의 원리를 전략적으로 응용할 때, 가장 중요한 것은 이 불완전함의 요소가 누구나 만만하게 알고 있거나 접근하기 쉬운 정보를 다루어야 한다는 점이다. 나의 이름, 그리다가 만 듯한 원, 많이 알려진 단어나 이미지 등에서 불완전함이나 오류가 발견되어야한다. 그래야 사람들은 저마다 자신감을 갖고 개입할 수 있다. 너무어렵거나 사람을 주눅 들게 하는 내용에 대해서는 오류가 있어도사람들은 적극적으로 반응하지 않는다.

그 대상에 대해 "이거 틀렸네, 잘못됐네" 하면서 아는 척을 할 수있을 때, 사람들은 너도나도 한마디씩 목소리를 내게 되고 그 목소리들이 모이면서 이슈가 되는 것이다. 그리고 사람들은 그 오류를알리고자 하는 욕구보다 자신이 제대로 알고 있다는 사실을 보여주고자 적극적으로 개입하게 된다. 이러한 과정을 통해 사람들은그 대상을 자신과 관련 있는 특별한 의미로 기억하게 되며, 이것은특히 어떤 제품이나 브랜드에 애착을 갖게 되는 계기를 제공하게된다.

나 역시 폐쇄성의 원리를 전략적으로 활용한 경우라고 할 수 있는데 약점이 오히려 경쟁력이 된 대표적인 사례이다. 내 자신의 약점에 대해 공개하고 떠들어대는 것이, 바로 이 이론의 적용이라고 할 수 있다. 사람들에게는 내가 일류 대학을 나오지도 못했고, 한 번도 공부로 두각을 나타낸 적이 없다는 사실, 학창 시절 왕따였다는 것 자체가 오류이고 결점이다.

그런데 그런 평범한 여자가 어떻게 30대 초반에 스타 강사로 성공할 수 있었는가. 사람들은 나의 이력에서 오류를 발견하고, 그 오류가 주는 불안을 채우기 위해 각종 심리가 작동하게 된다. 정중하게 질문을 해오는 사람도 있지만, 개중에는 '신발은 두 짝'이라는 진리가 깨졌을 때 밤잠을 못 이루고 달려온 정치인처럼, 인터넷 등에 악플을 다는 적극성으로 개입해오는 사람들도 꽤 있다.

때로는 불완전한 상태와 조건을 참지 못하는 집착과 불안이 관심과 질문을 넘어 근거 없는 소문을 만들어내기도 하는데, 그건 아마도 자신이 미처 알지 못하는 오류와 틈을 메우기 위해 딱 자기 수준에서의 상상력을 펼치기 때문이 아닐까 싶다.

어찌 되었건 사람들은 자신이 믿는 학벌과 성공과의 상관관계가 깨졌다고 느꼈기 때문에, 나에게 오히려 더 관심을 갖게 된다. 모든 조건을 갖춘 사람의 당연한 성공보다는 결점을 딛고 일어난 약자의 스토리가 더 관심을 끄는 것, 이를 테면 마릴린 먼로의 입술 위의 점, 모나리자의 눈썹이 없다는 사실 등이 강하게 기억되는 것도 이와 같은 원리다.

우리가 아무리 완벽을 위해 노력한다 할지라도 결국 삶은 끝없는 불완전의 연속이다. 그렇기에 우리는 서로의 다양한 실패들과 좌충우돌로 생겨난 삶의 빈틈들 속에서 함께 웃고 울며, 같이 살아간다. 그러니 당신이 누군가에게 아주 특별한 존재로 각인되고 싶다면, 누구나 공감할 수 있는 아주 평범한 스토리, 흔한 단점이나 결점을 나누는 것도 차별화의 시작이 될 수 있다.

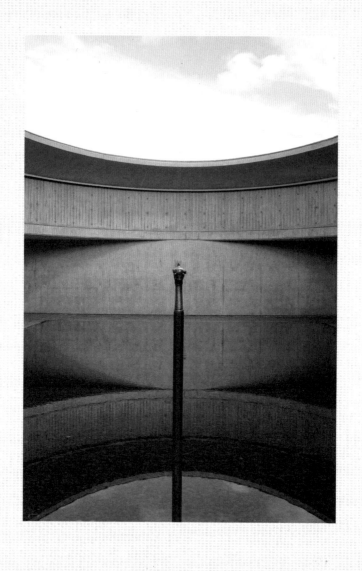

삶은 불안정하다.

이것은 삶이 자유롭다는 의미이다.

삶이 안정적이라 함은

곧 그대가 그 속에 구속되어 있다는 의미이다.

모든 것이 확실하다는 것은

거기에 자유가 없다는 의미이다.

느긋한 마음으로 혼돈을 즐겨라.

그대가 변화를 받아들이면

매 순간 그대에게 새로운 세계,

새로운 삶이 찾아올 것이다.

그대는 매 순간 다시 태어나게 될 것이다.

-오쇼 라즈니쉬, 『틈』[15] 중에서

내 속엔
내가 너무나 많아

이상, 「거울」

거울속에는소리가없소
저렇게까지조용한세상은참없을것이오

거울속에도내게귀가있소
내말을못알아듣는딱한귀가두개나있소

거울속의나는왼손잡이오
내악수를받을줄모르는——악수를모르는왼손잡이오

거울때문에나는거울속의나를만져보지못하는구료마는

거울아니었던들내가어찌거울속의나를만져보기만이라도했겠소

나는지금거울을안가졌소마는거울속에는늘거울속의내가있소

잘은모르지만외로된사업에골몰할께요

거울속의나는참나와는반대요마는

또꽤닮았소

나는거울속의나를근심하고진찰할수없으니퍽섭섭하오

- 이상, 「거울」

  당신은 이 시를 보면서 어떤 생각을 했는가? 일반적으로 이 시는
자아분열과 현대인의 고독을 보여준다고 말한다. 현대인들은 대부
분 자신 안에 또 다른 자아가 있다고 생각한다. 내 안에만 존재하는
자아, 현실 속 남에게는 보여줄 수 없는 자아, 자신이 지향하는 이
상적인 자아, 그러한 자아들에 대한 연민으로 가득한 이 시는 현대
인인 우리가 함께 공유하는 고독과 비애이다.

경영이란 사람들에게
외부의 거울을 손에 쥐여주는 것이다

우리가 이상의 아름답고 애절한 시를 보면서 이러한 자아분열의 비애에 젖어 있는 동안, 경영자들은 우리의 슬픔을 이용한 상품을 만들어낸다. 인간의 순수한 고뇌와 스스로의 삶을 이해하려는 노력을 순식간에 '돈(상품)'으로 바꾸어놓는 것, 여기에는 우리의 상상을 뛰어넘는 시장의 비열함이 있다.

진정한 자아를 갈구하는 인간의 심리를 소비 욕구로 전환시키고, 꼭 집어서 상품화하는 것이다. 자아분열의 괴로움을 대리 만족으로 해결하라는 대안, 즉 '상품'을 제시하면서 말이다. 경영 원리에는 언제나 소비자들의 욕구를 찾아내는 곳에 새로운 시장이 있다. 경영 마인드라는 것은 이렇게 '누구나 느끼는 감정들을 잡아서 상품화'하는 감각이라고도 할 수 있다.

가상의 세계에서 춤추는 나의 자아들

'너는 외롭다. 너에게는 사람들이 몰라주는 진정한 너의 모습이

있다. 스스로를 위로해라, 너의 자아를 표출해라. 우리가 그것을 돕겠다.'

우리 주변에는 이렇게 개인을 위로하고 편들어주는 척하는 사업들이 매일같이 새롭게 등장하고 있다. 익명의 가상 세계에서 자신의 또 다른 자아를 형상화하는 아바타 사업, 새로운 공간에서 자아를 찾아 떠나는 여행 사업, 어느덧 잊고 사는 순수한 자아를 위한 키덜트(Kid + adult. 어린이 같은 어른을 의미) 사업, 각종 익명을 보장해주는 인터넷 사업 등 외부에 드러내지 못하는 자아의 외로움과 내 안에 깊이 숨어 있는 이상적 자아에 대한 표출 욕구를 다양한 요소들로 자극하며 소비를 끌어낸다.[16]

이런 현상을 총칭하여 경영에서는 '에고ego 소비'라고 한다. 자아가 담긴 소비라는 뜻으로 자기의 분신처럼 자신의 생각과 느낌을 표현하고자 하는 욕구를 충족시킬 수 있는 IT 제품이나 서비스 상품들에 열광한다.[17] 이런 상품들은 현실에서 이루지 못한 혹은 보여주지 못한 자아를 대신하게 된다.

트위터나 인스타그램에 올리는 사진들을 보면, 주로 자신이 생각하는 완벽한 모습 혹은 아예 망가진 모습으로 연출해서 올리는 경우가 많다. 일상이 아닌 호텔에서 우아한 식사를 하는 '품위 있는 자아'와 직장과 같은 사회적인 공간에서는 쉽게 꺼내놓지 못하는 '자유로운 자아'를 마음껏 표출해내는 듯하다. 눈물 '셀카'나 허세 사진, 우스꽝스러운 엽사(엽기 사진)로 거울 속의 나를 가상의 인터넷 공간에 풀어놓는다.

사실 나는 SNS에 대해 매우 부정적이다. 내가 SNS를 싫어하는 이유는 간단하다. 사람을 구차하게 만든다고 느끼기 때문이다. 비싼 명품 옷을 차려입어도 갈 곳이 없는 것이 현실이고, 불러주는 곳이 없는 것이 나의 위치이다. 현실의 어디서에도 나를 필요로 하지 않기 때문에 세상에 보여줄 수 없는 나의 일부이다. 때문에 현실에서 채워지지 않는 나에 대한 증명의 욕구를 가상의 공간에서 대리만족 하려는 심리가 나에게는 초라하게 느껴진다.

물론 아무도 기대하지 않고, 봐주지 않는 내 안의 모습을 현실에서 증명하는 것은 어려운 일이다. 치열한 경쟁 속에 파묻혀 나라는 존재는 무시되기가 십상이다. 화려하고 싶고, 성공하고 싶고, 예쁘고 싶고, 잘나고 똑똑한 내가 되고 싶다. 그렇게 되고 싶은 것도 많고, 해보고 싶은 것도 많은 인생이지만 정작 현실의 나는 초라하다. 그렇기에 가상의 세계로 숨어드는 마음도 이해 못 하는 건 아니지만, 그렇다고 가상의 공간에 자리 깔아주면 그 속에서 좋다고 꼭두

각시 역할을 하고 싶지는 않다. 그것은 아무런 위로도, 해결도, 도피처도 될 수 없기 때문이다.

이렇게까지 생각할 필요가 있는가. 현실에 지친 사람들에게 위로가 되고, 자기만족을 준다고는 생각할 수 없느냐고 반박한다면 그건 가치관의 문제이기 때문에 옳고 그름이 없는 이야기라고 대답할 수밖에 없다. 어찌 되었건 나는 SNS의 글이나 사진들을 볼 때마다 사람들이 몰라주는 '또 다른 나의 모습'을 좀 봐달라는 애절한 욕망들을 본다. 그들 내면에 존재하는 인정받고 싶어하는 자아들의 생존의 몸부림을 본다.

에고 소비를 위해 더욱 허덕이는 현실의 삶

요즘 시대는 내 안에 감춰둔 자아를 드러내고자 하는 욕망이 의식주만큼이나 중요한 본능적 욕구가 되어가고 있다는 것을 인정할 수밖에 없다. 그렇다면 중요한 건 균형일 것이다. 인터넷의 각종 아이템, 가상 세계의 아바타, 유년기에 머물러 있는 자아를 위한 키덜트 상품, 잃어버린 자아를 찾아주는 여행상품 등을 구매하느라 소비 욕구가 눈덩이처럼 불어난 상황은 아닌지 돌아봐야 한다.

There are a million things you can do in your life without that.
Get yourself down to the library and read a book. Seriously. It is a waste of time.

당신의 삶에서 그것 말고도 할 수 있는 일이 백만 가지는 된다.
도서관에 가서 책을 읽어라. 정말로, 그건 시간 낭비이다.

– 알렉스 퍼거슨Alex Ferguson 전 축구감독 인터뷰 중에서
SNS 활동에 대한 그의 답변

이제는 현실에서의 소비 외에도 내 안의 자아를 위한 소비까지 감당해야 하니 우리의 생활은 안팎으로 더욱 궁핍해질 수밖에 없으며, 소비가 커질수록 개인은 더욱더 빈곤해지는 느낌이 드는 것이다. 오히려 내면의 자아만을 충족하느라 현실 속 외부의 자아를 일의 노예로 만들고, 그 불행을 다시 내면의 자아로 해결하기 위해 끊임없이 소비를 반복하고 있는 것은 아닐까.

돈으로 손쉽게 얻을 수 있는 가상 세계의 자아를 꾸미고 보여주기 위해, 힘든 현실의 자아는 무시되고 허울이 되어가고 있는 것은 아닐까. 물론 많은 노력과 경쟁을 해야 하는 현실을 외면하고 싶은 것은 당연하다. 사실 몇 푼 안 되는 돈과 상상력으로 나를 원하는 대로 꾸밀 수 있는 인터넷 세상이 더 매력적일 수도 있지만, 그렇다고 우리의 삶이 정말로 인터넷 가상 세계에 있는 것은 아니다.

내 안에 살고 있는 이상적 자아와 현실 속 자아의 간극을 좁히고자 하는 것은 인간의 본능일 것이다. 시인 이상은 거울 속 자신을 들여다보면서 끊임없이 대화를 시도한다. 그러나 거울 속의 나는 들을 수 없다. 악수를 하고 싶지만 쉽지 않다. 그렇게 내 안의 나를 만나는 일은 고되고 외로운 작업이며, 고독한 성찰이다. 그러나 소비 시장은 우리가 고독한 내면의 성찰을 통해 스스로 의미를 찾도록 내버려두지 않는다. 힘든 내면의 거울 따위는 잊어버리고, 외부의 거울을 통해 자신을 만들어보라고 유혹한다. 이 외부의 거울이란 '내 안의 나'를 대량생산되는 수많은 상품들 가운데 하나로 대신하라는 것이다. 그리고 그 상품이 곧 '나'인 양 착각하게 만든다.

그러나 나는 싸구려 상품으로 대체될 수 있는 존재가 아니다. 사람들의 자아가 진열대와 인터넷에서 전시되고 판매되는 시대, '내 안의 나'가 소비의 대상이 되어버린 시대, 스마트폰을 손에서 놓지 못하고 하염없이 댓글을 기다리며, 내가 페이스북에 올린 사진 한 장에서 나의 존재감을 확인받는 시대, 이것이 어쩌면 '내 안의 나'를 찾지 못하고 있는 현대인의 더 큰 슬픔은 아닐까.

나는 싸구려 상품으로
대체될 수 있는 존재가 아니다.

인터넷의 닉네임과 아이디로 살아가는 사회,
사람들의 자아가 진열되고 판매되는 시대

식탁에 둘러앉은 가족들의 침묵,
고개 숙인 모두의 손안에 들려 있는 휴대전화

손바닥만 한 트위터 세상에서의 행복,
내가 숨 쉬는 현실 세상에서의 소외

구속받는 현실, 자유로운 인터넷
육체는 현실에, 영혼은 인터넷에
우리의 행복은 어디쯤에?

적과의 동침

나는 '코피티션co-opetition(협조적 경쟁)'이라는 것을 유학 시절에
처음 경험했다. 분명 국내 항공사 비행기 표를 구매했는데 공항에
도착하니 갑자기 항공사가 바뀌었다며 나를 유럽 항공사(지금 기억
에 네덜란드 항공사였던 것 같다)로 안내하는 것이었다. 손님을 경쟁사
로 보내다니 뭐 이런 경우가 다 있나 의아했지만 나중에 알아보니
그건 항공 업종의 특수성 때문이었다.

항공사나 호텔업계는 예약을 120%로 넘치게 받는 '오버부킹
over-booking'이 관례이다. 저장이 안 되는 상품을 다루는 서비스 업

종이기 때문이다. 그런데 10명이 탈 수 있는 비행기에 12명이 모두 나타나면 어떻게 될까? 제대로 된 서비스를 받을 수 없는 2명의 소비자는 불만이 대단할 것이고, 그렇게 불만이 쌓이면 결국 소비자들이 떠나게 될 것이다. 이 불만을 잠재우기 위해서는 최소한 동급 혹은 그 이상의 서비스를 제공해야만 한다. 그래서 그들은 경쟁사인 동종업계의 적들과 손을 잡고 손님을 공유한다. 소비자들이 떠나가지 않도록 하기 위해 경쟁자들과 똘똘 뭉쳐서라도 시장을 지키는 것이다.

싸워서 이기는 것만이 승자가 아니다

이솝 우화 중에 「사자와 곰과 여우 이야기」[18]가 있다.

약육강식의 정글 세계에서 서열 1, 2위를 다투는 사자와 곰이 먹잇감을 찾아 산속을 헤매고 있었다. 사자가 어린 사슴을 발견하고 막 잡아먹으려는 찰나, 곰이 사자의 앞을 가로막았고 둘은 한 치도 물러서지 않고 싸움을 벌였다. 엎치락뒤치락, 한참 동안 피 흘리며 싸우지만 힘과 기술이 비슷한 둘의 싸움은 쉽게 끝나지 않았다. 바

로 그때 꾀 많은 여우가 등장해 사슴을 채가고 말았다. 서로를 이기기 위해 모든 체력을 소진한 사자와 곰은 유유히 사라지는 여우를 바라만 볼 뿐 빼앗을 힘이 없었다. 힘만 좋았지 위기 상황에 대처하는 능력이 부족했던 두 맹수와 상대적으로 힘은 없지만 순발력과 타이밍 포착이 좋았던 여우의 대결, 승자는 결국 여우였다.

만약 사자와 곰이 공동 사냥을 한 뒤에 함께 먹잇감을 나눴다면 어땠을까? 다시 말해 사자와 곰은 서로를 이기기 위해 싸우기보다, 공동 사냥을 한 뒤 먹잇감을 나누었어야 했다. 정글 서열 1, 2위의 맹수 둘이 힘을 합친다면 나머지 동물들에게는 사냥의 기회가 아예 없을 만큼 정글 점유율은 강력해질 것이다. 소위 연합 전선을 형성한다면 외부의 위험으로부터도 안전해질 것이다. 그래야 여우와 같은 신규업체나 해외업체들의 진입을 효과적으로 막을 수 있고, 서로를 이기기 위해 흘려야 하는 피와 땀을 줄일 수 있다.

빨리 가려면 혼자 가고, 멀리 가려면 함께 가라

적과의 동침, 상생을 위한 협력, 이것을 경영학에서는 '코피티션'이라고 한다. 말 그대로 경쟁자들끼리 서로 협력cooperation하면서 공정하게 경쟁competition한다는 뜻으로 단합과는 다른 형태이며 주로 서비스 업종인 여행/호텔/항공사/온라인교육 등에서 많이 쓰인다.

코피티션의 바람은 1997년 경제 위기 이후로 본격화되었는데 경기가 안 좋을수록 혼자 위험을 감수하거나 유지비용을 무리해서 감당할 수 없기 때문에 기업들 간 공생의 길을 찾게 되는 것이다.[19] 최대한 많은 노선을 효율적으로 운항하기 위해 항공사들끼리 국제적으로 연합하여 동맹을 결성하기 시작한 것도 이 즈음이며, 아시아나 항공이 "우리는 스타얼라이언스의 멤버입니다"라고 광고하면서 자신들의 마일리지로 유나이티드 항공도 탈 수 있고, 루프트한자 항공도 탈 수 있다고 광고하는 것이 대표적인 예이다.

이렇게 한 업종 내에서 경쟁자와 공동으로 비용을 나누게 되면 비용 절감 효과와 서비스 확대 효과가 있다. 시장점유율이 높은 대기업일수록 자신들의 위치를 유지하기 위해 물불을 안 가리기 때문에 코피티션 같은 개념을 적극적으로 수용한다.

The best way to destroy your enemy
is to make him your friend.

적을 무너뜨릴 수 있는 최고의 방법은
그를 친구로 만드는 것이다.

– 에이브러햄 링컨Abraham Lincoln

나의 경우에도 온라인 강의를 여러 업체를 통해 공동 판매한다. 영단기, 유스타, 시사, 잉글리시 앤드 사이트에서도, 한국외국어대학에서도 모두 동일하거나 유사한 콘텐츠를 제공한다. 이 말을 들으면 사람들은 "그래도 돼?"라고 반응하지만 요즘 같은 불황에는 소비자가 모여 있을 만한 곳이면 경쟁자들과 힘을 합쳐서라도 일단 노출을 시키는 전략을 쓸 수밖에 없다.

강남이나 번화가에서도 '이렇게 많은 맛집들이 모여 있으면 장사가 되나' 하는 생각이 드는데 이것 역시 경쟁자들과 함께 먹자골목이라는 특화된 시장을 만들어 소비자를 불러 모으는 코피티션 전략의 하나라고 볼 수 있다. 경쟁업체들이 모여들수록 시장이 커지는, 애증 관계 속에서 성장하는 것이다.

중저가 손목시계, MP3 플레이어, 디지털 카메라 시장 등은 동종 경쟁사와의 경합 때문에 위기를 겪는 것이 아니다. 전혀 다른 영역의 경쟁자, 즉 휴대전화의 발달과 보급으로 쇠퇴하고 있는 것이다. 패밀리 레스토랑의 경쟁자 또한 더 이상 맞은편 식당이 아니라 멀티플렉스 영화관이나 놀이동산이며, 나이키가 자신의 경쟁자로 닌텐도를 꼽은 것도 같은 이유이다.

친구는 가까이 두고 적은 더 가까이 두어라

다시 앞의 이솝 우화로 돌아가면 사자와 곰은 자신들보다 힘이 약한 여우에게 고기를 뺏겼다. 서로를 이기기 위한 경쟁에만 몰두하다가 여우라는 새로운 경쟁자의 등장에 대처하지 못했기 때문이다.

이런 우화들을 보면 세상의 이치가 들어 있다.

회사나 학교에도 항상 경쟁자가 있게 마련이다. 만약 당신이 경영 마인드를 가지고 있다면 경쟁자와 연합 전선을 피울 배포도 필요하다. 무한 경쟁 속에 살고 있는 우리는 바로 옆에 있는 오늘의 경쟁자가 내일의 동료가 되거나 혹은 같이 성장하는 동지로 남는 상황을 예측할 수 있어야 한다. 때로는 예상치 못한 여우의 등장에 대비하거나 혹은 자신이 여우가 될 수도 있어야 할 것이다.

결국 고기를 입에 넣는 건 힘이 센 사람이 아니라 순간을 포착하는 사람이다. 주변이 돌아가는 판세를 읽어내고 적절하게 움직이는 사람만이 원하는 것을 갖는다. 누구와 싸울지, 어떻게 싸울지, 언제 먹을 것인지, 전략적인 판단을 할 수 있는 능력을 키워야 한다. 피할 수 없는 경쟁자들과의 불편한 동거, 그 관계와 스트레스를 어떻게 극복하느냐가 능력의 차이이고, 이것이 곧 개인의 자기 경영인 것이다.

까마귀 한 마리가 입에 커다란 고깃덩어리를 물고 날아올랐다. 한 떼
의 까마귀들이 그 뒤를 쫓았다. 그러나 고기를 문 까마귀는 동료들과
고기를 나누어 먹기 싫어서 계속 도망을 갔다. 결국 힘이 떨어진 까마
귀는 고기를 떨어뜨렸고 이를 본 다른 까마귀가 잽싸게 고기를 물고
도망을 간다.

까마귀 떼는 또 추격전을 벌였다. 얼마 지나지 않아 또 다른 까마귀가 고기를 낚아챈다. 까마귀들은 또다시 그 운 좋아 보이는 까마귀의 뒤를 쫓았다.

그러나 결국 단 한 마리의 까마귀도 마음 편히 고기를 먹을 수 없었다.[20]

보이는 것이 전부이다

쇼펜하우어, 『인생론』

대학 시절 수업 중에 가장 인상적이었던 질문은 "백화점의 장점에 대해서 말해보라"라는 것이었다. 그 질문 자체가 인상적이었던 것이 아니라 당시 교수님의 대답이 나에게는 매우 충격적이었다. 나를 비롯한 학생들 대부분의 대답은 대개 '물건의 품질이 우수하다, 동선이 짧다, 편리하다. 쾌적한 쇼핑을 즐길 수 있다' 등이었다. 그런데 그 뒤에 이어진 교수님의 답은 정말 신세계였다.

"백화점의 장점은 없던 욕망을 만들어내어 소비를 극대화하는 것이다."

사람들은 단순하게 운동화를 사러 간다. 그러나 백화점에 들어가는 순간 운동화도 종류별, 계절별, 유행별, 용도별로 필요하다는 사실을 알게 된다. 보지 않았다면 평생 모르고 살아도 무방했을 브랜드와 상품들을 보게 되며, 운동화 매장 아래층에 진열되어 있는 신상 옷은 구매 계획이 전혀 없던 소비자의 지갑을 열게 한다.

학생들의 대답은 모두 소비자의 입장에서만 생각한 것들이다. 백화점의 입장에서 왜 그런 장치들이 필요한가에 대한 이유는 생각해보지 못했던 것이다. 이렇게 주어진 단면을 꼼꼼히 보는 것은 누구나 할 수 있다. 그러나 자신의 눈높이가 아닌 여러 입장의 연관성을 잡아내는 것, 감춰진 이면의 의도와 근본적인 목적을 찾아낼 수 있는가가 핵심 능력이자 관건이다.

어떤 영화를 봐도 불평만 하는 사람은 항상 조연이다
결국 주인공은 항상 대안을 만들어 해결하는 자다

사실 요즘 사람들은 매우 똑똑하고 상당히 날카로운 비판력의 소유자들이다. 다만 비판할 줄만 알지 대안을 만들어내는 능력이 부족하니, 투덜거리면서도 다른 사람들의 의도대로 계속 끌려다니게 된다. 앞서 '외부의 거울'이나 '계획적 진부화' 혹은 위의 백화점 이야기도 막상 들으면 다들 "당연하다, 이미 그 정도는 알고 있다"라는 듯이 반응한다. 어떤 설명이나 새로운 정보를 접하더라도, 그 정도는 나도 생각할 수 있다는 식으로 행동한다. 그러나 이렇게 얄팍하게 자존심을 부리는 태도가 성장의 걸림돌이 된다.

그저 누구나 던질 수 있는 단순한 몇 마디 비판이나 마치 제삼자의 입장에서 내뱉는 겉핥기 식의 평가는 아무 의미가 없다. 학생들은 항상 이런 얘기를 한다. "수업을 들으면 이해는 가는데, 혼자서 풀면 못 풀겠어요." 누구나 한번쯤 해봤을 법한 이 말이, 바로 아는 것과 응용하는 것의 차이다. 혼자서 써먹을 수 없다는 것은 진정으로 아는 것이 아니다. 내가 강의 시간에 가장 많이 하는 말 역시 "많이 본 것과 아는 것을 착각하지 말라"라는 것이다. 지식은 단순히 아는 것이 아니라 그것을 응용할 수 있는가의 문제이다. '나'라는 상황에 맞춰 자생력 있게 운용할 정도로 소화해내야 그 지식이 의미 있는 것이다. 똑같은 지식을 습득해도 개인마다 마주하게 되는 현실은 모두 다르다. 즉, 지식은 누구에게 가느냐, 어떻게 응용되느냐에 따라 그 파급효과가 달라진다.

물론 현실에서 개인의 상황에 응용하는 것은 상당한 훈련이 요구된다. 우리는 수많은 이해관계 속에서 살고 있다. 그 관계들 속에서 중심을 잡으려면 근본적으로 각각의 관계가 지닌 핵심을 읽어내야 하는데, 그 핵심이란 결국 인간의 욕망을 읽어내는 것이다.

모든 욕망을 모아서 눈에 보이게 하라

코스트코나 이케아 같은 대형 매장에 가보면 들어가기는 쉽지만 나오기가 참 어렵다. 코스트코의 계산대는 1층 입구와 달리 지하에 있고, 이케아의 경우는 계산대를 거의 미로 수준으로 감춰놓은 듯하다. 왜일까? 계산을 마치고 나올 때까지 매장을 빙글빙글 돌면서 사람들의 시야에 최대한 많은 수의 상품을 노출시키려는 의도이다. 운동화를 사러 간 사람에게 계획에 없던 신상 옷을 파는 백화점과 같은 전략이다.

없던 욕망을 만들어내라. 모든 욕망을 모아서 눈에 보이게 전시하라. 이런 인간의 견물생심에 대한 통찰은 일찍이 쇼펜하우어도 『인생론』에서 설명한 바 있다.

소유에 대한 욕망은 상대적인 것이다. 자신의 시야에 들어오는 사물의 범위가 즉 욕구의 범위이다. 인간은 그 범위 안에 있는 대상을 획득할 수 있다고 생각할 때 행복하고, 획득하기 어렵다고 느낄 때 불행하다. 따라서 시야의 범위 밖에 있는 것(보이지 않는 것)은 사람에게 아무런 영향을 주지 못한다.

-『쇼펜하우어의 인생론』[21]

흔히 현실과 동떨어져 있다고 외면하기 쉬운 이 고전의 문구가 인간의 행동을 끌어내는 경영과 마케팅의 출발점이라면 어떨까? 많은 경영학자들은 인문학적 관점에서부터 인간을 이해하고 새로운 소비자에 대한 이론을 성립시켜 전략을 개발한다. 나는 개인들도 이러한 시도와 훈련이 필요하다고 본다. 개인적으로 내가 시도한 것 중에 하나는 쇼펜하우어의 시야에 대한 분석을 현실에서 경영 이론과 연결하여 이해해보려는 노력이었다.

쇼펜하우어에 따르면 빈곤층에서 부유층으로 이동한 경우 시야의 범위가 넓어지며, 추락에 대한 두려움이 없기 때문에 낭비벽이 심하다고 한다. 특히 자수성가한 신흥 부자들은 고가의 사치품을 사용하는 부유층을 쫓아 덩달아 씀씀이를 키우는데, 그 이유는 상

모든 욕망을 모아서
눈에 보이게 전시하라.

승된 신분, 넓어진 시야에서 생겨난 욕구를 충족하기 위해 '과시적 소비'를 하기 때문이라는 것이다.

우리가 그토록 비하하면서도 쉽게 버리지 못하는 '졸부 근성'이 바로 자수성가형 신흥 부자의 과시적 소비에 해당할 것이다. 거대한 로고가 박힌 고가의 명품 가방을 구입하거나 하루 종일 교통 정체에 시달리는 도시에서 굳이 뚜껑이 열리는 비싼 스포츠카를 타고자 하는 사람들의 심리 말이다.

또한 자신들은 이미 빈곤을 겪어봤기 때문에 다시 가난해져도 견딜 수 있다거나 혹은 다시 부유해질 수도 있다고 생각한다. 반면에 부를 상속받은 부자들은 돈이 없는 생활은 상상조차 할 수 없기 때문에 오히려 '경제 개념'이 확실하고 돈을 쓰는 데 두려움이 많다.

소비 욕구의 87%는 시각적 자극에 의해 발생한다

이처럼 쇼펜하우어가 정의한 '자신의 시야에 들어오는 사물의 범위가 욕구의 범위'라는 한 줄을 경영학에서 말하는 소비자의 계층에 따른 심리분석과 연결해보면, 과시적 소비, '베블런 효과[22](같은 제품이라도 더 비싼 가격의 물건이 더 잘 팔린다는 것)' '스놉 효과(일부 부유층이 남들이 쉽게 살 수 없는 진귀한 상품만을 선호하는 것)' '노노스(no logo no design, 상표가 드러나지 않고 자신들만 알아보는 명품을 찾는 최상류층의 소비)족의 등장'까지 적용해볼 수 있다. 지금까지 인간의 심리적 시야에 대한 현실 응용을 예로 들었다면 쇼펜하우어가 말한 '시야'를 문자 그대로 사람의 '눈높이'로도 분석해볼 수 있다.

미국 식료품 전문 매거진 《프로그레시브 그로서*Progressive Grocer*》 조사에 따르면 백화점 매장 곳곳에 놓인 판매대의 높이는 평균 80cm 정도이다. 고객이 허리와 팔을 구부리지 않고도 자연스럽게 쇼핑을 할 수 있는 높이라고 한다. 이렇게 허리에서 눈높이 사이에 상품을 진열할 때, 판매량이 63% 증가한다고 한다.

또한 어린이들이 자주 방문하는 맥도날드의 주문대 높이는 일반 매장보다 조금 낮은 72cm이다. 편의점이나 마트의 영업사원들은 사람의 눈높이에서 정면 혹은 위아래 15°의 선반을 확보하기 위해 전쟁을 한다. 생선 매장에서 화이트 와인을 팔고, 라면 매장에서 양은 냄비를 파는 것도 같은 이유다. 앞서 백화점 사례에서도 언급했듯이 인간은 사전에 구매할 생각이 없었던 물건도 일단 시야에 들어오면 구매 욕구가 생기는 것이다.

그저 좋은 물건을 만들어 판다는 단순함으로는 성공할 수 없다

이렇게 소비자, 즉 인간의 심리를 귀신같이 읽어내는 경영기법들의 이면에는 인간에 대한 통찰이 필요하다. 물론 인문에서 경영으로 통합적 사고를 해내고, 기업의 전략적 사고를 개인의 상황에 바로 적용해내는 감각을 갖추는 일은 쉽지 않다. 세계적으로 성공한 경영자들이 인문고전이나 철학의 중요성을 아무리 논해도 모두가 바로 따라할 수 있는 것은 아니지 않은가. 그러나 고뇌하지 않는 뇌에서는 지혜가 나오지 않는다. 보이는 세상 뒤에 감춰진 이면을 읽어내려는 노력, 그것을 내 삶에 적용해보려는 훈련에서부터 우리의 성장은 시작된다.

21세기의 기술은 인간이 보유한 지식 전체,
즉 물리학에서 인문학에 이르기까지 모두를 포함하고 또 필요로 한다.
우리는 더 이상 과학과 인문학의 분리를 허용할 수 없다.
앞으로 우리는 과학교육을 받은 사람에게
그가 다시 휴머니스트가 되기를 요구할 것이다.

-피터 드러커[23]

모든 것이 전쟁인 인생사

클라우제비츠, 『전쟁론』

모든 것이 전쟁이란다.

전쟁 같은 하루를 보냈다, 직장은 전쟁터이다.

취업 전쟁, 가격 전쟁, 마케팅 전쟁.

뭐 이렇게 매번 전쟁터 속에 살고 있는지 모르겠다.

역사 속의 치열했던 전쟁들이 지금은 '무한 경쟁'이라는 또 다른
형태로 우리 삶에 반복되고 있다. 지금도 이렇게 숨통이 조이는데,
실제 총칼이 날아다니는 전장戰場에서 말 그대로 목숨 걸고 싸웠던
사람들은 어떻게 살아남았을까? 그들이 살아남은 성공 전략 안에

어쩌면 우리가 찾고 있는 근본적인 해답, 현대의 생존 전략이 있지는 않을까?

전쟁의 가장 중요한 전략은 당신의 '통찰력과 용기'이다

『손자병법』과 함께 군사학의 교과서로 통하는『전쟁론』[24]의 저자 클라우제비츠는 전쟁의 특징으로 불확실성과 우연, 마찰, 운의 역할을 강조한다. "전쟁은 4분의 3의 커다란 확률로 불확실성의 안개 속에 둘러싸여 있는, 예측할 수 없는 일들이 끊임없이 벌어지는 우연의 세계"라는 것이다. 따라서 세련되고 날카로운 이성이 가장 요구되는 곳이 바로 전쟁터이다.

이 전쟁을 성공적으로 이겨내기 위해서는 두 가지 특성이 필요하다고 한다. 하나는 날카로운 이성과 통찰력이고, 또 하나는 용기와 결단이다. 결단력이란 동기가 충분하지 않을 때 의혹에서 오는 망설임을 없애는 것이다.

클라우제비츠의 제자이자 수많은 전쟁을 승리로 이끈 전략가 몰트케Helmuth von moltke 역시 "분명한 전쟁의 목적을 가지고 가더라도, 예측 불가능한 상황을 바탕으로 벌어지는 전투마다 일련의 결정을 내려야 한다"라고 주장했다.[25] 전쟁은 미리 구상된 계획이 아니라 임의적인 행동이며, 불확실한 상황에서 빠르게 결정하고 강력하게 추진하는 자가 살아남는다는 것이다.

전쟁과 경영은 맥을 같이한다. 우리가 살고 있는 현실도 마찬가지다. 어디서 어떤 일이 벌어질지 누구도 예측할 수가 없다. 갑작스러운 자연재해나 교통사고는 말할 것도 없고, 믿었던 사람의 변심부터 국제 정세의 변화까지, 모든 것이 불규칙적으로 벌어지고 흘러간다. 그래서 현대 경영에서는 이런 예상치 못한 갑작스러운 위기나 환경에 대응하기 위해서 시나리오 경영 기법이나 '컨틴전시 플랜contingency plan'이라는 걸 사용한다.

컨틴전시 플랜이란 미래의 불확실한 상황에 대비하기 위한 전략 계획 과정의 일환으로 인플레이션이나 석유 가격 증가, 전쟁 등과 같은 위기 대책을 위한 계획을 세우는 것이고, 그 계획을 위한 도구로 미래의 시나리오를 전망하여 전략을 짜는 시나리오 기법이다.[26] 이 전략의 성공 요인으로 무엇보다 요구되는 것은 경영자의 문제 해결 능력과 대담함이다. 전쟁터에서 살아남기 위한 특성으로 클라우제비츠가 꼽은 통찰력과 결단력의 다른 표현일 뿐, 결국 같은 말인 것이다.

전쟁은 불확실성의 안개 속에 둘러싸여 있는,
예측할 수 없는 일들이 끊임없이 벌어지는
우연의 세계다.

스펙은 출발에서의 문제일 뿐,
인생의 승부를 가를 수는 없다

소위 '백년 전쟁'이라고 불릴 정도로 음료 시장에서 치열한 경쟁을 벌이고 있는 코카콜라와 펩시의 사례는 전쟁과 경영이 맥을 같이한다는 것을 보여주는 아주 좋은 예이다.

본격적인 콜라 전쟁이 시작된 1939년 당시 코카콜라의 광고비는 1,500만 달러였던 것에 비해 펩시는 60만 달러를 썼다.[27] 그렇다면 규모도 작고 자본도 없는 신생 기업이 어떻게 살아남아 업계 1, 2위를 다투게 되었을까? 제1차 세계대전에 맞먹는 위기에 펩시는 '5센트로 두 배의 콜라를'이라는 저가 정책을 펼치면서 시장에 성공적으로 안착했고, 경기 불황을 이용해 급성장한다. 그리고 최근에는 "웰빙 문화 확산으로 콜라의 미래가 불투명할 것"이라는 CEO의 예상에 따라 주스와 스포츠 음료 등으로 사업을 다각화했다.

처음 펩시는 아주 작은 규모로 시장에 나섰지만 외부의 변화에 발맞춰 빠르게 변화하고 성장해왔다. 출발 당시 모든 조건이 불리했던 펩시가 자금 부족이나 인지도의 약세를 극복할 수 있었던 것은 바로 시장의 상황을 이용할 수 있는 혜안과 경영 능력이었다. 지난 한 세기 동안 펩시는 콜라의 창시자 격인 코카콜라를 상대로 수 많은 위기와 난관을 극복하며 자신의 영역을 만들고 있다. 이렇게 펩시에게 초기 자본금의 규모가 문제되지 않았듯이, 우리에게도 스펙이나 배경이 반드시 인생의 승패를 좌우한다고 말할 수는 없 을 것이다.

우리는 종종 스펙과 인맥의 부족 등을 탓하며 시작조차 포기하 는 경우가 많다. 싸우기도 전에 질 거라는 열패감에서 벗어나지 못 한다. 그러나 수많은 전쟁의 역사가 보여주듯이 병사가 많다고, 화 력이 세다고 무조건 승리하는 것은 아니다. 우리의 미래는 전쟁터와 같은 불확실한 안개로 둘러싸여 있다. 성공적인 전쟁의 전략과 전술 이 사전에 미리 완전하게 구상될 수 없듯이 우리의 미래도 책상머 리에 앉아서 고민만 한다고 해결되지 않는다. 세상에는 예상치 못한 변수들이 산재해 있기 때문이다. 방구석에서 나와 살아 있는 현장, 현실 세계와 부딪쳐야 어떤 그림이든 그릴 수 있을 것이다.

의류 브랜드 자라Zara의 경우, 2주 정도마다 신제품을 시장에 내 놓는다. 다른 기업들이 사전에 기획하고 준비하느라 쓰는 시간을 과감히 뛰어넘어 현장에서 '계획-실행-전시plan-do-see'를 동시에 진행한다. 즉, 미리 조사하고 계획하는 것이 아니라 판매 현장에서 최신 수요를 관찰하면서 기획하여 바로 생산에 들어간다.

되글을 가지고 말글을 써먹는다

주변을 돌아보면 "쟤는 뭘 해도 잘할 거야"라는 말을 듣는 사람이 있다. 장사를 해도, 기술을 배워도, 하다못해 사막에 데려다 놔도 살아남을 거라는 말을 듣는 사람 말이다. 이때의 평가는 그 사람의 한두 가지 뛰어난 능력이나 기술을 보고 판단하는 것이 아니다. 단지 영어를 잘하거나, 학업 성적이 우수하다고 해서 저 사람은 어떤 일을 해도 두각을 나타낼 거라고 하지는 않는다는 것이다. 오히려 학교 다닐 때 공부 잘한다고 사회에서 꼭 성공하는 것은 아니라는 말을 수없이 들어보았을 것이다. 그렇다면 "쟤는 뭘 해도 성공할거야"라는 말의 실체는 무엇일까. 그것은 스펙이나 단순한 몇 가지 특징이 아닌 그 사람의 전체 '성향에 대한 평가'이다.

'되글로 배워서 말글로 쓴다'라는 옛말이 있다. 많이 배우고 아는 것보다는 조금을 배워도 실제 상황에서 응용할 수 있는 것이 더 중요하다는 말이다. 우리는 하나의 역할이 주어졌을 때, 그 역할에 자신의 몸을 잘 맞추는 사람을 보고 다른 역할이 주어져도 잘할 것이라 기대하게 된다. 그런 사람들의 공통점은 대체로 주변 상황을 빠르게 파악하는 눈치와 요령이 있으며, 예상치 못한 위기를 잘 넘기는 순발력과 적극적으로 자신의 영역에서 존재감을 드러내는 에너지를 갖고 있다. 매 순간 필요한 것을 정확히 찾아내어 해결해내는 힘이 있는 것이다. 이런 것이 바로, 통찰력과 용기라고 할 수 있다.

요즘은 누구나 불확실한 미래를 언급한다. 매일이 전쟁이고 그 무엇도 우리에게 미래와 보상을 약속하지 않는다. 그렇다고 불확실한 미래를 한탄하며 움직이지는 않는 것은 스스로 무덤을 파는 일이다. 제자리에서 아직 오지도 않은 미래를 두려워하며 얼어붙어 있을 것이 아니라, 그 불확실성에 유연하게 대처하기 위한 준비를 해야 한다. 예측할 수 없는 환경에서도 조직이 원하는 결과를 달성하도록 하는 것이 경영자의 능력이듯이, 우리의 인생 경영도 마찬가지다.

나의 경험으로 비추어봤을 때, 불확실한 미래에 대한 준비란 '맷집'을 키우고, 나만의 '통찰력'을 키우는 것이다. 자신의 악조건 뒤에 숨지 않고 현실 세계로 나서서 작게나마 할 수 있는 일을 찾아 부딪치고, 시행착오를 줄이는 훈련을 끊임없이 해야 한다. 그렇게 맷집과 통찰력은 현실 세계에 뛰어들어 고군분투할 때 얻어진다. 젊다는 것은 미래의 예측할 수 없는 불확실성을 즐길 수 있어야 한다. 그래야만 살벌한 삶의 전쟁터에서 두려움에 얼어붙지 않고 나아갈 수 있다.

길고 짧은 것은 대봐야 알 수 있는 것이 인생이다.
어차피 밑져야 본전인 세상살이, 미리 겁먹지 말고 정면 돌파하여
한판 승부를 해볼 수 있다는 것이 인생을 살아볼 만한 이유이다.

인문학과 기술의 교차로

나의 이 좋은 아이디어를 왜 세상이 몰라줄까?

나의 가능성을 왜 인정해주지 않을까?

나에게도 참신한 아이디어와 능력이 있는데

왜 나에게는 기회가 오지 않을까?

요즘 사람들은 이런 질문들의 답을 모두 사회 탓이나 대기업 탓으로 돌린다. 물론 우리 사회가 기회의 불평등과 수많은 사회·구조적 문제들을 안고 있는 것은 사실이다. 그러나 내가 인정받지 못하고, 창업이 성공하지 못하는 것이 과연 경기 불황과 사회 문제 때문이라고만 치부할 수 있을까? 일단 창업 시장에 대한 이해에서부터 무엇이 문제인지 생각해보자.

왜 나의 아이디어는 혁신이 될 수 없는가

창업 시장에는 흔히 아는 두 단어, 퍼스트 무버first mover와 패스트 팔로어fast follower가 있다. 퍼스트 무버는 새로운 분야를 개척하는 창의적인 선도자이며, 패스트 팔로어는 기존의 상품들을 모방하여 선두 기업보다 더욱 개선된 상품을 싼 가격에 내놓는 빠른 추격자다.

과거 한국의 창업은 대부분 선진국의 기술을 모방하거나 보완하는 패스트 팔로어였다. 그리고 지금 우리는 패스트 팔로어로서는 정상의 자리에 있다. 그런데 최근 들어서는 패스트 팔로어 자리를 중국에게 빼앗기고 있는 형편이다. 더 큰 문제는 그렇다고 우리가 퍼스트 무버로서의 역량을 갖추고 있느냐 하면 딱히 그렇지도 못하다. 최근 일본이 패스트 팔로어에서 퍼스트 무버로의 이동에 실패하면서 20년이라는 장기 경제 불황에 허덕이고 있다는 사실을 기억해야 한다. 그렇다면 혁신적인 아이디어로 시장을 리드하는 퍼스트 무버가 되기 위해서 우리에게 요구되는 것은 무엇일까? 어째서 한국의 창업 5년 차 생존률이 30%에 불과할까? 그 답은 아래의 기사에 있다고 생각한다.

세상이 너를 알아봐주지 않는 것이 아니라
네가 세상을 모르는 것이다

얼마 전 미국 경제전문지 《포춘Fortune》에서 실리콘밸리의 창업 실패에 대해 분석했다.

최근 신생 기업들의 경우 10개 중 9개가 실패하며, 창업자들의 42%는 실패의 가장 큰 원인으로 '개발한 제품을 위한 시장이 부족하기 때문'을 꼽는다고 한다. 여기서 흥미로운 점은 《포춘》의 분석이다. 실제로 창업에 실패하는 이유는 '시장의 부족'이 아니라 오히려 '시장에 대한 이해의 부족'이라고 지적한다. 즉, 물건을 살 사람이 없는 것이 아니라 사람이 무엇을 원하는지에 대한 이해가 부족하다는 것이다. 《포춘》은 기업들이 소비자들이 언젠가는 찾을 것이라는 막연한 희망을 갖고 제품을 출시하는 경우가 많지만 "아무도 찾지 않는 것을 만든다면 기업은 결코 성공할 수 없다"라고 강조한다. 한마디로 실패한 기업들은 타인(소비자)에 대한 이해 없이, 자기 자신의 생각 안에 갇혀서 제품을 만들어서 망했다는 이야기다.

단순히 내 마음에 드는 아이디어, 나만 좋은 아이디어, 내 생각에 반짝이는 아이디어로는 어디서도 투자를 받을 수 없고, 창업을 한다 해도 결국 시장에서 사장당하게 된다. 반짝인다고 모두 다이아몬드가 아니듯이, 아이디어라고 모두 상품이 되는 것은 아니다. 그렇다면 내 생각에만 좋은 아이디어가 아닌 누구나 원하고, 모두가 필요로 하는, 시대를 이끄는 혁신적인 아이디어란 어디서 나오는 걸까? 아이디어가 상품이 되기 위해서는 시장성, 수익성, 상품성 등이 있어야 하겠지만 수치로 환산되는 계산 이전에 아이디어는 사람들의 꿈과 미래를 공유하고 비전을 제시해야 한다.

창업의 실패는 결국 인간에 대한 이해의 부족이다

사실 창업을 꿈꾸는 우리나라 젊은이들의 기술적인 측면은 흠잡을 데 없이 훌륭하다고 한다. 다만 그 이전의 인간에 대한 이해 즉,

인문, 역사, 경영 등의 기본기가 약하기 때문에 잔기술이나 단순 기능에 치중하게 되는 것이다. 기술을 포함한 아이디어와 콘텐츠는 훌륭한 반면 창업가 정신, 가치관, 비전 등이 빈약하다는 것이다. 즉, 하드웨어는 뛰어나지만 소프트웨어가 안 받쳐준다.

경영에서는 '기획'이라는 것이 나오기까지 필요한 일반적인 단계가 있다. '철학philosophy – 미션mission – 비전vision – 목표objective – 전략strategy – 전술tactics'이 그것이다.

그런데 대부분 한국의 청년 창업에는 가장 기본 단계라 할 수 있는 '미션'과 '비전'이 빠져 있는 경우가 많다. 기업의 '철학'이 없는 것, 바로 이것이 우리가 퍼스트 무버가 될 수 없는 이유이며, 창업자가 아니라 자영업자 혹은 기술자로만 머물게 되는 한계일 것이다. 최첨단 기술과 화려한 기능들에 초점을 맞춘 수많은 광고들 사이에서 애플이 감성 마케팅으로 우뚝 서게 된 것도 기술이나 기능만으로는 사람들의 마음을 움직일 수 없다는 증거이다.

It's in Apple's DNA that technology alone is not enough. That it's technology married with liberal arts, married with the humanities, that yields us the result that makes our hearts sing. And nowhere is that more true than in these post-PC devices.

기술만으로는 충분하지 않다는 것은 애플의 DNA에 들어 있습니다. 교양과 결합하고 인문학과 결합한 기술이야말로 우리 마음을 울리는 결과를 냅니다. 개인용 컴퓨터(PC) 이후의 새로운 기기들에 있어서 이는 더욱 진실이 될 것입니다.[28]

– 아이패드 2 출시 기념 행사에서 스티브 잡스의 연설

스티브 잡스의 창업 정신

'인문학Liberal Arts'과 '기술Technology'의 결합

스티브 잡스는 실제로 컴퓨터를 개발할 때 자신이 원하는 것, 꿈꾸는 것만 생각했다고 한다. 시장 분석이나 그 밖에 전략적 사고라는 것은 아예 없었다는 것이다. 그러나 그에게는 '스티브 잡스의 인문학'이라고 불릴 정도의 기업 철학이 있었다. 그의 철학은 소비자, 즉 인간에 대한 이해와 시대에 대한 통찰을 바탕으로 한다. 그리고 그의 통찰력은 현시대의 흐름과 미래의 변화까지 예측해내는 능력을 극대화시켰으며, 동시대 사람들과 호흡하고자 하는 그의 꿈은 인류의 꿈을 반영하기에 이르렀다.

스티브 잡스의 인문학적 관점은 많은 인터뷰에서도 엿볼 수 있다. 다음은 1985년 《플레이보이Playboy》 잡지 인터뷰의 일부다.

우리는 기업들을 비즈니스로서가 아니라 사람들의 집단으로 생각해 접근합니다. 우리는 사람들이 일하는 방식을 질적으로 바꾸기를 원합니다. 단순히 문서 작성이나 계산을 빠르게 해주는 것이 아니라 서로 소통하는 방식을 변화시키고 싶습니다. (…) 중요한 비즈니스 영역에 인문학적 감성을 불어넣을 수 있다면, 그건 아주 가치 있는 기여가 될 것이라고 생각합니다. 그게 얼마나 큰 결과를 낳을지는 가늠조차 할 수 없습니다.

잡스는 애플을 단순히 기술업체라고 여기지 않았다. 하나의 미학적인 감성을 가진 객체로서 영혼을 가지고 성장하는 존재라고 여겼다. 잡스가 통찰력이 뛰어나다는 평가를 받는 배경에는 이런 인문학적 관점이 깔려 있다. 그렇기에 그의 아이디어는 시대가 원하는 혁신의 아이콘이 되고, 인류의 욕구가 진화하는 방향과 일치하게 된 것이다.

나만의 꿈이 아닌 모두의 꿈과 비전을 제시하고 공유할 수 있다는 것은 창업의 첫 기둥이다. 그런데 이 창업의 기둥이란 인간과 사회, 역사, 문화 전반에 걸친 깊이 있는 고민 위에 세워진다. 이러한 미션과 비전은 비로소 시대를 이끄는 힘을 갖게 된다. 왜 대부분의 기업은 단순히 '돈을 번다'가 아닌 '인류의 행복에 이바지 한다'를 비전으로 내세우는 것일까,[29] 왜 성공한 CEO들은 경영의 완성을 인문학적인 관점과 결합하여 강조하는 것일까, 진지하게 고민해봐야 한다.

혹시 우리 대부분은 개인적인 재미나 흥미 혹은 극히 제한적인 경험만으로 아이디어를 세상에 내놓고, 그것을 창업이라고 착각하고 있지는 않은가. TV로 본 세상이나 짧은 전공 지식으로 나온 아이디어는 자신만의 전리품이 될 수밖에 없는 것이다.

느림의 미학

소위 선진국이라는 영국, 미국, 호주 등에서 공부하면서 나는 '이들은 왜 이렇게 배우는 속도가 느린가, 작은 것을 배우고도 왜 저렇게 크게 감동하나' 싶었다. 그들은 시장에서 10불이면 살 수 있는 나무 테이블을 두세 달에 걸쳐서 만들고, 하루면 쓸 수 있는 2장짜리 과제를 몇 달에 걸쳐 쓰곤 했다. 그러고는 자신이 만들어낸 결과물에 엄청난 애착을 가지며 이야기하던 그들의 표정이 아직도 생생하다.

작은 행위에도 시간과 정성을 쏟는 그 과정들이 인생의 깊이와 의미를 만드는 습관이라는 것을 지금은 이해하게 됐지만 당시의 나로서는 그저 답답하고 한가한 사람들의 시간 놀음으로만 여겨졌다. 한국의 "빨리빨리" 문화에 익숙하고, 효율성과 생산성에 집착하는 가치관에 익숙했던 나로서는 도저히 이해가 되지 않았다. 차라리 뭐든지 금방 배우고, 많이 외우게 하는 한국 교육이 사람들을 훨씬 똑똑하게 만든다고 생각했다. 주입식 교육의 병폐라는 말을 입에 달고 살지만, 주입식 교육의 진짜 문제가 무엇인지에 대해서는 그때까지 한 번도 차분하게 생각해본 적이 없었던 것이다.

물리학에는 우회축적 이론roundabout accumulation principle이라는 것이 있다. 매가 사냥을 할 때 최단 거리인 직선 거리로 날지 않고, 수직 방향으로 급강하하여 가속도를 최대한으로 높인 뒤, 그 높이에서 나오는 운동에너지를 이용해 수평 방향으로 속도를 전환, 사냥감에 빠르게 다가간다는 이론이다. 얼핏 생각하기에는 직선 거리가 빠를 것 같지만 실제로는 우회 거리로 날 때 오히려 결과물에 더 빠르게 도착하게 된다.[30]

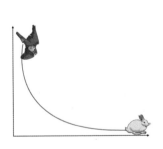

매가 사냥감에 접근하는 경로

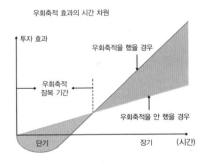

우회축적 효과의 잠복 기간 동안은 손실이 발생한다.

이제는 우리도 이 느림의 미학과 우회 원리의 깊이를 배워야 할 때이다. 우리는 성공한 사람들에게서 "어떻게"라는 방법론을 듣고 싶어한다. 누구나 당장 쉽게 따라 해볼 수 있는 구체적인 방법을 알려달라고 한다. 하지만 세상에 그런 방법이 있다면 누가 실패를 하겠는가. 아니, 사실 공개되어 있는 방법은 많다. 그러나 문제는 누가 그 방법을 이용하는가이다. 수단과 방법은 그 자체로 차이를 만들어내는 것이 아니라 그것을 이용하는 사람의 자질에 달려 있는 것이다. 그러니 그 방법론 이전에 당신이 먼저 해야 할 단계가 있다.

만약 당신이 혁신과 창업을 꿈꾸고
자신의 분야에서 독보적인 존재가 되길 꿈꾸고 있다면
지금 당장 당신이 해야 할 일은
영어 공부나 자격증 취득이 아니라, 인문고전을 읽는 것이다.

대부분의 사람들은 시험공부는 잘하지만, 책 읽는 방법은 모른다. 흔히들 책 속에 길이 있다고 하니까 이 책, 저 책, 남들이 만들어놓은 길을 찾느라 안간힘을 쓸 뿐이다. 그러나 그저 많은 책을 읽는 것이 독서의 목적은 아니지 않은가. 단순한 지식 습득이 아니라 스스로 사유하고 표현할 수 있는 지적 능력을 키우는 것, 넓어진 시야로 미래에 대한 비전과 미션을 설계하는 것, 이것이 바로 자기계발에 있어서 독서의 역할일 것이다.

특히나 고전 안에 담긴 인간에 대한 이해, 그 반복되어온 고민의 역사를 자신의 내면에 녹여보는 훈련이 필요하다. 책과 천천히 대화하고 때로는 책 속의 누군가와 논쟁해야 한다. 그 과정에서 당신은 당신만의 언어를 갖게 될 것이고, 인류가 만들어온 세계를 이해할 것이고, 또 하나의 세계를 만들어낼 것이다. 그리고 그런 경험을 한 사람만이 자신의 꿈이 인류의 꿈이 되고, 자신의 아이디어가 시대의 혁신을 이루는 비전이 되는 기반을 세울 수 있을 것이다.

대나무가 자랄 때
중간에 마디가 형성되는 시기는
유난히 더디다.

그러나 그 마디들이 없다면
그렇게 가늘기만 한 나무가
그렇게 높이 올라갈 수 있을까.

남들에게 뒤처짐을 불안해하지 않고,
순간의 멈춤을 두려워하지 않고,

스스로의 성장을 기다려줄 수 있는 '인내와 의지'.

자존감이란 그렇게 스스로를 믿어주는 것이다.

판을 엎어라,
게임의 룰을 바꿔라

마이클 포터, 『경쟁우위』

현실적으로 한국은 아직 인맥과 학벌, 간판의 사회이다. 그래서 대부분의 평범한 우리는 거대한 진입 장벽 앞에 막막하게 서 있다. 평범한 대학, 특별할 것 없는 배경으로는 이미 세상에 존재하는 모든 평가의 잣대 앞에서 두각을 나타내기가 힘들다. 그렇다고 아예 포기할 것인가.

어떤 이들은 기회조차 주지 않는 불평등한 사회에 좌절하거나 미래를 비관하며 주저앉기도 한다. 혹은 성공을 꿈꾸기보다 작고 소박한 삶을 선택하기도 한다. 어차피 희망이 없는 취업보다는 아르바이트로 생활비를 충당하며 눈앞의 젊음을 즐기는 이들도 상당하다. 아무런 대안도 제시하지 못하는 현실은 답답하기만 하다. 부모 세대들은 그저 열심히 하라는 말만 되풀이한다. 선배나 주변의 조언들은 고만고만하다. 성공담들은 신빙성이 떨어지는 무책임한 소설들 같다. 이때 나의 뇌리를 뒤흔든 생각은 바로 이것이다.

시야를 넓혀 평가의 잣대를 바꾸는 것이 돌파구이다

어느 날, 동물원의 캥거루들이 우리 밖으로 나오자 이를 발견한 사육사들이 급히 대책회의를 열었다. 대부분은 울타리가 너무 낮은 탓이라는 데에 동의했고, 울타리 높이를 예전보다 1m 높이기로 하였다. 그러나 울타리를 높인 다음 날, 캥거루들은 여전히 우리에서 탈출해 이리저리 뛰어다니는 것이 아닌가. 깜짝 놀란 사육사들은 황급히 울타리의 높이를 1m 더 높였다. 그런데 어찌 된 영문인지 그 다음 날에도 캥거루들은 우리 밖으로 나와 놀고 있었다. 사육사들은 도저히 안 되겠다 싶어 울타리를 무려 3m나 더 높였다. 그 모습을 본 기린이 캥거루에게 물었다. "사육사들이 너희 울타리를 언제까지 높일까?" 캥거루가 답했다. "글쎄, 문을 닫는 것을 계속 깜박한다면, 아마 계속 올리겠지.[31]

눈에 보이는 정해진 잣대로만 승부를 보려는 것은 성실함일까, 미련함일까. 만약 캥거루들이 체력을 키워서 울타리 뛰어넘기에 계속 도전했다면 울타리 밖으로 나갈 수 있었을까? 캥거루가 계속 울타리를 뛰어넘으려는 노력만을 했다면, 아마도 영원히 울타리 밖으로 나갈 수 없었을 것이다.

마찬가지로 우리가 성실하게 스펙만을 키운다고 현실의 벽을 넘을 수 있을까. 물론 기본 체력이 있어야 밖에서도 살아남을 수 있을 테니, 체력은 준비해야 하지만 우리에게 가장 필요한 것은 기존의 잣대를 벗어나는 시각을 갖는 것이다. 캥거루가 울타리라는 눈에 보이는 장애물에서 벗어나 문을 찾아냈듯이, 우리도 스펙이라는 잣대에서 눈을 돌려볼 필요가 있다. 기존의 경쟁 범위와 평가 잣대를 바꾸는 것, 즉 기존 게임의 룰을 바꿀 필요가 있다. 이것을 경영학에서는 '재정의'라고 한다.[32]

만약 우리가 특별한 스펙이나 배경 없이 성실함만으로 승부를 내야 한다면, 기존의 방식으로 조직에서 인정을 받는 것은 힘들다는 것이 내 생각이다. 영어 공부를 열심히 하고, 자격증을 따고, 인맥을 위해서 회식을 따라다니고, 회사에서 왕따가 되지 않기 위해 몰려다니며 밥을 먹고, 윗사람에게 잘 보이기 위해 매일 노력하는 것. 그렇게 해서는 회사와 상관의 비위를 맞추며 연명하는 들러리로만 남게 될 뿐이다. 물론 우리가 만년 과장으로라도 가늘고 길게 가기를 원한다면 당연히 선택할 수밖에 없는 기성세대들의 생존법이기도 하다.

이건 기업으로 치면 '미투me too' 전략이라고 할 수 있는데, 기존에 성공한 제품들의 기능을 모방하고 남들이 하는 거 모두 다 따라 하면서 가격만 낮추어 승부수를 띄우는 것이다. 결국, 기존 시장에 무임승차하는 격인데 대부분 품질이나 차별화로 크게 성공하지 못해도 가격으로는 승산이 있다. 보통 인지도가 있는 대기업들이 탄탄한 자본을 무기로 저가로 시장에 들어갈 때 성공 가능하다. 그러나 이름도 없는 중소기업이 후발 주자로 나서면서 미투 전략을 쓰는 경우에는 소비자들이 그 존재를 알기도 전에 망하는 경우가 대부분이다. 그러니 조직에 새로 진입하는 개인은 이런 개성 없는 전략으로는 승부를 내기가 힘들다.

현재 자신의 눈높이에서 한 발짝 떨어져야 한다.
주어진 하나의 역할에 익숙해지고 무뎌지는 것은
지금 그 모습 그대로 박제가 되는 것이다.

이미 정해진 동선대로 움직이는 사람들에게
새로운 기회란 주어지지 않는다.

어느 판이나 틈은 있는 법이다.
고개를 돌려 객관적인 시선으로 주변을 돌아보라.
보이지 않는 곳에서 길을 찾아야 한다.

내가 있는 곳을 재정의하라

우리는 기성세대들이 엄청난 경력과 학벌, 인맥으로 버티고 있는 시장으로 비집고 들어가야 한다. 마치 대기업이 장악하고 있는 시장에 진입하는 힘없는 중소기업이나 마찬가지이다. 경력에서도 밀리고 인맥도 부족하다. 굳이 장점을 꼽자면 저임금을 받는 것뿐이다. 때문에 새로운 시야로 대담하게 판과 룰을 뒤집어 승부를 낼 필요가 있다.

기존의 평가 기준과 세상의 기대치를 뒤집어라.
판을 흔들면 길이 열린다.
'무슨 토익강사가 책을 쓰고 TV에 나와?'처럼.

내가 영어교육 시장에 진입할 당시에도 이미 스타 강사들이 많았다. 한마디로 영어교육 시장은 이미 '레드 오션red ocean'이었고 분야별로 이미 도가 튼 전문 강사들이 즐비했다. 강의 내용은 모두 대동소이했으며, 웬만한 정보는 모두 공개되어 있어 차별화가 쉽지 않아 보였다. 게다가 대치동 스타 강사, 토익 스타 강사, 수능 스타 강사 등등 참으로 자근자근 조각난 시장이었다.

이미 과포화 상태인 교육 시장에 혈혈단신 뛰어든 나는 어리고 경험도 없었고 학벌도 약했다. 어떻게 차별화를 할 것인가. 어떻게 이 분야에서 내 이름 석 자만 대도 알 만한 브랜드가 될 것인가. 한 마디로 이 차고 넘치도록 많은 강사들 틈바구니에서 어떻게 살아 남을 것인가. 막막했다. 경험도 없고 무명이었던 내가 그 많은 스타 강사들을 일일이 각개격파로 이길 수는 없었기에, 아예 시장을 흔들어서 나를 차별화하기로 했다. 영어강사에 대한 정의와 평가 기준을 새롭게 세워야 한다고 생각했다.

사람들의 기대치와 스타 강사에 대한 기준을 아예 바꾸기 위해 출판사를 찾아다니며 에세이를 쓰고, 방송을 하고 외부 강연을 시작했다. 예전의 스타 강사란 해당 과목만 잘 가르치면 됐지만 이제는 그것만으로는 부족하다. 자신의 분야에서 강의력을 인정받는 것은 물론 멘토 역할이나 유명인으로서의 상품성까지 구비해야 비로소 스타 강사로서 인정을 받는다. 학생들이 어려운 시기를 보낼 때 옆에서 같이 버텨주는 조언자이자, 그 길의 끝에 탈출구를 제시하는 비전을 보여줄 수 있는 존재가 되어야 한다. 이렇게 사람들의 기대치와 평가 기준의 잣대를 바꾸게 되면서 기존의 선두 주자보다 도전자인 나에게 유리한 판이 되었다.

어느 업종이든 기존의 선두 주자들이 가장 위협적으로 느끼는 건 도전자이다. 도전자는 판을 새롭게 읽는 눈을 가지고 있다. 선두에 비해 잃을 것이 적기 때문에 더 과감하게 판을 흔들 수 있다. 판을 바꾸는 건 대부분 외부에서 굴러들어온 돌 혹은 2인자이다. 조직에서 혁신을 원할 때 새로운 인물을 등용하는 것도 같은 이유이다. 하지만 스스로가 얼마나 위협적인 존재인지를 모른다면 우리는 결국 기존의 판에서 작은 역할밖에는 할 수가 없을 것이다.

판을 흔들 힘이 없다고 불평할 것인가, 판을 뒤집을 것인가.
선택은 당신에게 달렸다.

판을 흔들 힘이 없다고 불평할 것인가,
판을 뒤집을 것인가.
선택은 당신에게 달렸다.

『브랜드 버블』[33]에서 정의하는
거부할 수 없는 브랜드가 되기 위한 6가지 조건

1. 도발적이고 대담해야 한다.
2. 자신의 목적과 신념을 전도한다.
3. 자신을 새로이 정의하고 시장을 혁신한다.
4. 소비자의 입장이 아닌 자신의 언어로 말한다.
5. 소비자의 비위를 맞추지 않는다.
6. 문화와 제품의 범주를 바꾼다.

낡은 것을 모으면
독창적이 된다

프리드리히 니체, 『인간적인 너무나 인간적인』

사람들은 여행자를 다섯 등급으로 구분한다. 먼저 가장 낮은 등급의 사람들은 여행할 때 남에게 관찰'당하는' 입장의 여행자들이다. 그들은 본래 여행의 대상이며, 소위 눈먼 자들이다. 다음 등급의 여행자들은, 실제로 스스로 세상을 관찰하는 여행자들이다. 세 번째 등급의 여행자는 관찰한 결과에서 어떤 것을 체험하는 사람들이다. 네 번째 여행자는 체험한 것을 다시 체득해서 그것을 계속 몸에 지니고 다닌다.

그리고 마지막으로 최고의 능력을 갖춘 몇몇 사람들이 있는데, 그들은 관찰한 것을 모두 체험하고 체득한 뒤, 집에 돌아와서 곧장 그것을 다시 여러 가지 행위와 일 속에서 필연적으로 발휘하며 나가는 사람들이다.

　일반적으로 인생의 여로를 걷는 인간 모두가 여행자처럼 이 다섯 종류에 따라 나누어진다. 가장 낮은 등급의 사람들은 순전히 수동적인 인간이고, 가장 높은 등급의 사람은 내면적으로 배운 것을 남김없이 발휘해서 살아가는 행동가이다.

-프리드리히 니체, 『인간적인 너무나 인간적인』[34] 중에서

　사실 나는 여행을 싫어한다. 그리고 사람들이 여행이 취미라고 말하는 것도 잘 이해가 되지 않는다. 왜냐하면 내가 본 대부분의 사람들은 위의 등급으로 치자면 두 번째 경우였기 때문에 여행을 하는 의미를 이해할 수가 없었다. 흔히들 인생을 긴 여행이라고 한다. 삶의 태도도 위의 분류와 크게 다르지 않을 것이다.

　니체는 여행자의 다섯 종류를 인생에 비유하고 있다. 인생에 대한 태도가 첫 번째나 두 번째 부류에 속하는 사람들은 그저 주어진 대로 보고 듣고, 수동적으로 삶을 살아간다. 그러나 최고 등급의 여행자처럼 인생에서도 최고의 능력은 일상에서 자신이 보고 배운 것들을 다양한 상황에 응용할 수 있는 것이다. 그렇다면 그 응용이란 어떻게 하는 것일까.

융합의 시대

무수히 많은 경영 이론들 중에서도 개인이 차용하기에 가장 적절한 것은 '컨버전스convergence', 즉 융합이라는 개념이다. 경영학에서 컨버전스란 부품의 융합, 기능적 융합, 조직적 융합, 기술 융합 등을 포괄하는 의미이다. 최근에는 서로 다른 업종들 간의 융합(제조기술과 서비스 산업 간의 융합 등)이 활발해져서 더욱 다양한 조합 형태를 볼 수 있는데, 휴대전화에 MP3 기능이 덧붙여지는 것은 대표적인 디지털 컨버전스의 한 예이다.

온라인에 기반을 둔 컨버전스는 사실상 현재 모든 업종에서 이루어지고 있다. 그 이유는 업종 간의 경계가 허물어지고, 융합된 서비스를 제공함으로써 새로운 수요를 창출해낼 수 있기 때문이다. 기존 산업 안에서 성장의 한계에 봉착한 기업들은 다른 산업 영역과의 융합을 통해 새로운 시장인 '블루 오션blue ocean'을 창출해내고 있다. 그 예를 더 살펴보면, 교육과 엔터테인먼트를 합친 '에듀 엔터테인먼트', 나이키와 아이팟이 만나 운동 시간을 측정하고 음악을 들을 수 있게 해주는 '나이키 아이디', KT와 의료 사업이 합쳐져 독거노인들에게 영상전화 원격 진료를 제공하는 'U-헬스' 등이 있다. 즉, 기존에 존재하던 사업들을 다양한 방법으로 결합하는 것이다.

인생에서 최고의 능력은
일상에서 자신이 보고 배운 것들을
다양한 상황에 응용하는 것이다.

니체는 독창적이라는 것은 무언가 새로운 것을 처음으로 보는 것이 아니라 오래된 것 또는 낯익은 것, 누구나 이제까지 보아왔고 간과해온 것을 마치 '새로운 것인 양' 보는 것이 정말로 독창적인 두뇌라고 특징짓는다. 즉, 자신의 주변을 둘러싸고 있는 것들을 새롭게 해석하고 응용하는 능력이 바로 독창성이라는 것인데, 이러한 능력은 컨버전스의 핵심 요소이기도 하다.

소도 비빌 언덕이 있어야 한다
자신의 업종에서 시작하라

다섯 번의 실패 끝에 언론 고시를 당당히 통과하여 입사한 여기자가 있다. 당시 8명의 합격자 중에 소위 '빽' 없이 입사한 사람은 3명뿐이었다고 한다. 평범한 학벌에 선배 도움 같은 인맥도 없었으며, 여자에, 집안도 평범했다. 조직생활에 잘 안 맞는 튀는 성격의 신입기자는 좌충우돌로 몇 년을 보내다가, 자신의 전문 분야를 재테크로 정하고 집중적으로 취재를 다녔다. 그리고 혼자 힘으로 출간한 재테크 책은 10만 권이 넘는 베스트셀러가 되었지만, 회사에서는 오히려 그녀를 한직으로 발령내버렸다. 결국 다른 신문사로

이직을 하여 지금은 세 번째 책을 준비하는 그녀는 중국 특파원이 되기 위해 중국어 공부를 병행하고 있다.

또한 틈틈이 방송활동을 하고, 교육 컨텐츠 관련 외부 사람들을 만나가면서 자신만의 인맥과 경력을 쌓아가고 있다. 소위 '아저씨 기자'들은 여전히 그녀를 싫어하고 자신들만의 왕국 안에서 계급 놀이를 하고 있다. 그러는 사이, 그녀는 회사의 대표 스타 기자가 되었다. 그녀는 '신문 사업, 방송 사업, 교육 사업'의 연결 축이 되어 이 세 가지 업종을 융합한 새로운 시장의 가능성을 증명하며 그 중심에 서게 된 것이다.

현재 많은 신문사들은 해외의 유명 경영 수업들을 국내로 들여오거나 포럼 등을 개최하며 따로 교육 사이트를 운영하기도 한다. 기존의 신문사가 가지고 있는 커뮤니케이션 기능에 온라인 교육 사업을 입힌 것이다. 미디어와 교육의 컨버전스 사업은 이제 우리에게도 익숙한 콘셉트이다. 그녀는 현재 신문사의 '웰스 투어wealth tour' 프로그램 운영과 재테크 강연회 진행, 방송, 취재 등으로 여전히 바쁜 일정을 보내고 있다.

어떤 큰 그림을 가지고 움직이는가, 혹은 어떤 전략적인 사고를 하고 있는가를 물어보았을 때 그녀는 그런 거 없다며 크게 웃었다.

그저 자신은 무엇이든 하고 싶은 일에 짧은 기간 동안 집중하는 스타일인데, 싫증이 날 때까지 지독하게 파고드는 것뿐이란다. 남들이 봤을 때 한 가지에 '오버'한다 싶을 정도로 몰입하는 것, 바로 이것이 '인생 컨버전스'의 핵심이며 그녀가 트렌드에 강할 수밖에 없는 이유이다. 하고 싶은 것, 배우고 싶은 것들을 다양하게 경험하고 응용하는 것은 컨버전스 시대에 최고의 능력인 것이다. 그녀는 부동산, 교육, 출판, 중국어 등 다양한 관심사들을 그저 관심 수준에서 멈추지 않고 짧지만 강하게 몰입하여 경험했다. 그렇게 십 년의 경험들이 모여서 지금 삼십대 중반이 된 그녀의 색깔을 만들었다.

물론 이런 외부와의 연계활동은 그 생명이 짧을 수 있다. 그러니 다음 동선을 빠르게 그리며 준비해야 도태되지 않고 계속 진화할 수 있다. 쉽지 않아 보인다고 기존의 틀 안에서 숨도 제대로 못 쉬고 끌려다니다가 만년 과장으로 끝나는 것보다는 해볼 만한 도박이고 시작이지 않겠는가.

당신이 현재 어느 분야에 있든지 기존의 룰에 따라 움직이는 수많은 직장인들 가운데 하나라면 그 성실함 끝에 성공이 있을 확률이 극히 적다는 것은 확실하다. 그동안 대부분의 기업에서 말단 평사원이 임원이 된 비율을 보면 자명하지 않은가.

인생 컨버전스를 위해 필요한 자기계발은 단순히 영어 공부나 자격증과는 다른 것들이다. 관련 업종들에 대한 다양한 이해, 배움, 경험, 그리고 지속적인 관심을 가져야 한다. 다양한 관심사나 경험이 필요하다고 말하면 사람들은 흔히 '투잡' '멀티잡'을 떠올린다. 그러나 이것은 전혀 다른 개념이다. 이것저것 집적거리는 것은 컨버전스가 아니다.

개인이 컨버전스를 실현하기 위해서는 일단 한 분야에서 두각을 나타내는 것이 먼저이다. 그 다음 연관 업종과의 접점을 찾는 눈을 가져야 한다. 이 경제 불황의 시기에 컨버전스라는 변화의 흐름은 개인들에게는 오히려 가능성과 기회를 주는 것일 수도 있다.

현대 경영학의 아버지 피터 드러커는 경영자에 대한 정의를 '지식의 적용과 성과에 책임을 지는 사람'이라고 했다.[35] 그렇다면 우리 모두는 각자 자신의 지식과 재능을 경영하는 '경영자'이다. 자신이 가진 지식을 다양한 업종과의 접점에 잘 적용하고, 업종들 간의 연결 다리로써 특화시키고 융합할 줄 아는 것, 그 성과에 책임을 질 수 있도록 몰입하는 것, 그것이 개인의 경영 능력이다.

흔히 인생을 긴 여행이라고 한다,

길을 떠나는 여행자들에게

우리는 오늘도 나에게 운이 찾아오길, 기회가 주어지길 간절히 바란다. 그러나 운과 기회는 능력이 있는 사람이 아니라 끊임없이 움직이는 사람만이 만날 수 있다. 자신이 없다고 제자리에 머물거나 자꾸 뒤로 물러선다면 기회는 점점 멀어질 것이다. 인생이라는 여행에는 우연과 인연, 그리고 행운과 기회도 큰 역할을 한다. 다양하게 도전하고, 작은 일에도 최선을 다한다면 그 길목 혹은 교차로 어디쯤에서 당신이 기다리던 기회를 만나게 될 것이다. 지루한 여행이 될 수도 있는 인생에서 다양한 시도들로 자신만의 풍성한 여행을 끌어낼 수 있기를.

Bon Voyage!

인용 및 참고 문헌

1) 헤르만 헤세, 전영애 옮김, 『데미안』, 민음사, 2000

2) 알베르 카뮈, 김용석 옮김, 『이방인』, 부북스, 2013

3) 찰스 디킨스, 홍정호 옮김, 『크리스마스 캐럴』, 인디고, 2014

4) 데이비드 호우, 이진경 옮김 『공감의 힘』, 지식의숲, 2013

5) 알베르 카뮈, 김화영 옮김, 『페스트』, 민음사, 2011

6) 알베르 카뮈, 김화영 옮김, 『시지프 신화』, 책세상, 1998

7) 알랭 비르콩들레, 이희정 옮김, 『생텍쥐페리의 전설적인 사랑』, 이미지박스, 2006

8) 생텍쥐페리, 『어린 왕자』, 인디고, 2006

9) 알렉산드르 솔제니친, 이동현 옮김, 『이반 데니소비치의 하루』, 문예출판사, 2002

10) 일라리아 과르두치, 주효숙 옮김, 『콧수염 아저씨의 똥방귀 먹는 기계』, 나무생각, 2015

11) 필립 코틀러 · 안광호 · 개리 암스트롱, 『마케팅 입문』, 경문사, 2013

12) 세르주 라투슈, 정기헌 옮김, 『낭비 사회를 넘어서』, 민음사, 2014

13) B. S. 오쇼 라즈니쉬, 윤진섭 옮김, 『배꼽』, 윤미디어, 2012

14) 김재휘 등저, 『광고심리학』, 커뮤니케이션북스, 2009

15) 오쇼 라즈니쉬, 나혜목 옮김,『틈』, 큰나무, 2004

16) 이서구,『마케팅 키워드 55』, 위즈덤하우스, 2008

17) 김문태,『소비자행동론』, 교보문고 (McGraw-Hill KOREA), 2012

18) 이솝, 유종호 옮김,『이솝 우화집』, 민음사, 2003

19) 이필상 · 이만우 · 정순진,『경영학 원론』, 법문사, 2010

　　장-마크 비토리, 박수현 옮김,『비경제학자를 위한 경제학 사전』,

　　경영정신, 2009

20) 주샤오지에, 정우석 옮김,『핵심인재를 만드는 경영 우화 77』, 팜파스,

　　2005

21) 쇼펜하우어, 김재혁 옮김,『쇼펜하우어 인생론』, 육문사, 2012

　　로먼 크르즈나릭, 강혜정 옮김,『원더박스』/ 원더박스, 2013

22) 소스타인 베블런, 김성균 옮김,『유한계급론』, 우물이있는집, 2012

23) 이재규 편저,『피터 드러커 경영 키워드 365』, 사과나무, 2005

24) 클라우제비츠, 김만수 옮김,『전쟁론』, 갈무리, 2009

25) 보스턴컨설팅 전략연구소,『전쟁과 경영』, 21세기북스, 2002

26) 마이클 포터, 조동성 옮김,『마이클 포터의 경쟁우위』, 21세기북스, 2008

27) 앨 리스 · 잭 트라우트, 안진환 옮김,『마케팅 전쟁』, 비즈니스북스, 2006

28) http://allaboutstevejobs.com/

29) 글로벌경영연구회,『경영학』, 유원북스, 2014

30) 윤석철, 『삶의 정도』, 위즈덤하우스, 2011

31) 양바오쿤, 김지연 옮김, 박찬구 해제, 『우화 경영을 만나다』, 비즈니스맵, 2007

32) 마이클 포터, 조동성 옮김, 『마이클 포터의 경쟁우위』, 21세기북스, 2008

  김위찬 · 르네 마보안, 『블루 오션 전략』, 교보문고, 2005

33) 존 거제마 · 에드 러바, 노승영 옮김, 『브랜드 버블』, 초록물고기, 2010

34) 프리드리히 니체, 강두식 옮김, 『인간적인 너무나 인간적인』, 동서문화사, 2007

35) 피터 드러커, 이재규 옮김, 『프로페셔널의 조건』, 청림출판, 2012

  피터 드러커, 피터 드러커 소사이어티 옮김, 『피터 드러커 경영 바이블』, 청림출판, 2006

* 기타

노희운, 『대한민국 마케팅 성공신화』, 형설라이프, 2009

이 책에 실린 인용문은 저작권 사용 허가를 받았습니다. 출간 당시 저작권자를 확인하지 못하여 부득이하게
허가를 받지 못한 인용문에 대해서는 추후 저작권이 확인되는 대로 적법한 절차를 진행하겠습니다.

인생 독해

초판 1쇄 인쇄 2015년 7월 10일 초판 1쇄 발행 2015년 7월 17일

지은이 유수연
펴낸이 연준혁

출판 1분사
책임편집 최연진
사진 최갑수 디자인 강경신
기획분사 배민수

펴낸곳 (주)위즈덤하우스 출판등록 2000년 5월 23일 제13-1071호
주소 경기도 고양시 일산동구 정발산로 43-20 센트럴프라자 6층
전화 031)936-4000 팩스 031)903-3893 홈페이지 www.wisdomhouse.co.kr

값 12,800원 ⓒ 유수연, 2015
ISBN 978-89-6086-837-3 03320

국립중앙도서관 출판시도서목록(CIP)

인생 독해 : 나의 언어로 세상을 읽다 / 지은이: 유수연. --
고양 : 위즈덤하우스, 2015
    p. ; cm

ISBN 978-89-6086-837-3 03320 : ₩12800

인생[人生]
자기 계발[自己啓發]

325.211-KDC6
650.1-DDC23   CIP2015017915